ज़िन्दगी जी भर जिएँ मिलेगी न दोबारा

डॉ. एच.एल. माहेश्वरी

डायमंड बुक्स
www.diamondbooks.in

प्रकाशक : डायमंड पॉकेट बुक्स (प्रा.) लि.
X-30 ओखला इंडस्ट्रियल एरिया, फेस - II
नई दिल्ली- 110020
फोन : 011-40712200
ई-मेल : wecare@diamondbooks.in
वेबसाइट : www.diamondbooks.in
संस्करण : 2024

Zindagi Jee Bhar Jiyen Milegi Na Dobara
by *Dr. HL Maheshwari*

मन की बात

मनुष्य जीवन अपने आप में अद्भुत है। परमात्मा ने मनुष्य को हर प्रकार से पूर्ण बनाया है, इसलिए मानव ईश्वर की सर्वश्रेष्ठ कृति कहलाती है। मानव से ईश्वर एकमात्र यह अपेक्षा रखता है कि वह स्वयं जी भर जिएँ, साथ ही भरपूर ज़िन्दगी जीने में दूसरों का भी मददगार बने।

क्या मनुष्य ईश्वर की अपेक्षा अनुसार जी भर ज़िन्दगी जी रहा है? और क्या जी भर जीने में दूसरों के लिए मददगार है? वास्तविकता तो यह है कि मनुष्य जी भर ज़िन्दगी तो क्या सही अर्थ में ज़िन्दगी जी ही नहीं रहा है, वह तो इसे बोझ समझकर ढो रहा है। आधे-अधूरे मन से या बेमन से जी रहा है और इसे एक सजा मानकर काट रहा है। ऐसा ही उसका सोच बन गया है- 'यह तो है एक कड़ी सजा साँई, ज़िन्दगी की न दे दुआ साँई।' या फिर सोचता है- 'मांगने से जो मौत मिल जाती, कौन जीता फिर इस जमाने में।'

आज आदमी रोते-झींकते, कलपते, बेमन से शिकायतों के साथ जी रहा है। शिकायतों का यह सिलसिला जीवन पर्यन्त यानी, ज़िन्दगी की अन्तिम साँस तक चलता रहता है। ये शिकायतें दूसरों से ही नहीं अपने आपसे भी बनी रहती है। शिकायतों में तो वह ईश्वर को भी नहीं छोड़ता। उन पर मनुष्य-मनुष्य में भेदभाव करने का दोषारोपण करता है कि ईश्वर ने अमुक को 'यह दिया, वो दिया, लेकिन हमें नहीं दिया।' और इस तरह पूरी ज़िन्दगी शिकायतों में निकल जाती है। ईश्वर का दिया अनमोल उपहार ज़िन्दगी जो कि एक बार ही मिलती है, निरर्थक चली जाती है।

कुछ लोग जीवन के अन्तिम दिनों में पछताते ज़रूर हैं, अफ़सोस करते हैं कि हमने अमूल्य ज़िन्दगी निरर्थक ही गुज़ार दी, लेकिन 'अब पछताये होत क्या, जब चिड़िया चुग गई खेत' चरितार्थ होता है।

क्या कोई ऐसा उपाय नहीं है कि हम अपना जीवन रोते-झींकते, आधे-

अधूरे मन से शिकायतें करें बिना अन्तिम साँस तक जी भर जिएँ और ख़ुशी-ख़ुशी ज़िन्दगी से अलविदा हो जाएँ।

उपाय है - जी भर जीने का

'ज़िन्दगी जी भर जिएँ - मिलेगी न दोबारा' पुस्तक आपके हाथ में है। इसमें बहुत ही सरल शब्दों में जी भर जीने के उपाय बताये गये हैं जिन्हें आप अपनी सोच में और व्यवहार में लाकर अपना पूरा जीवन परिवर्तित कर सुख-शांति से जी सकते हैं।

पुस्तक को आप ध्यान से पढ़िए। यदि आप इसकी बातें आत्मसात करेंगे और इसमें दिए गए सिद्धान्तों और सूत्रों को अपने जीवन में उतारेंगे तो आप में एक आश्चर्यजनक परिवर्तन आएगा। आप भरपूर आनंद, उत्साह और उमंग के साथ जिएँगे पूरी जिन्दा दिली के साथ।

पुस्तक लिखने में मेरी जीवन संगिनी श्रीमती लक्ष्मी माहेश्वरी, पुत्र डॉ. पंकज, पुत्रवधू डॉ. श्रद्धा माहेश्वरी एवं पुत्री डॉ. सपना माहेश्वरी (यू.के.) द्वारा दिए गए आत्मीय सहयोग के प्रति उनका आभारी हूँ। आभारी हूँ, मैं उन सभी समाचार पत्र-पत्रिकाओं का, जिनसे मिली जानकारी पुस्तक लिखने में सहायक रही है।

वरिष्ठ साहित्यकार डॉ. शिव चैरसिया से मिले मार्गदर्शन के लिए मैं उनके प्रति अपनी कृतज्ञता व्यक्त करता हूँ।

पुस्तक में लिए गए उदाहरण, उद्धरण, शेर-शायरी, शोध रिपोर्टस आदि के स्रोत नोट नहीं कर पाया हूँ, लेकिन उन सभी के प्रति हृदय से आभार व्यक्त करता हूँ।

–डॉ. एच.एल. माहेश्वरी

निवास :-

11, महावीर नगर, सांवेर रोड

उज्जैन (म.प्र.) 456010

मोबाइल : 9827265724

ई-मेल : hlujjain@yahoo.co.in

अनुक्रम

1.

ज़िन्दगी फिर न मिलेगी दोबारा

दुर्लभ मानव जन्म है, देह न मिले बारम्बार।
तरूवर ज्यों पत्ता झड़े बहुरि न लागे डार।।

मानव जीवन इस सृष्टि की सबसे श्रेष्ठ रचना है। लगता है परमात्मा ने अपनी सारी कारीगरी को समेटकर इसे बनाया है। जिन गुणों और विशेषताओं के साथ इसे पृथ्वी पर भेजा है वे अन्य किसी प्राणी को प्राप्त नहीं हैं। मानव सृष्टि की सर्वश्रेष्ठ रचना होने के कारण इसे परमात्मा की अन्तिम कृति माना जाता है।

मानव देह या शरीर का शिल्पी परमात्मा है। जब कोई शिल्पी (मूर्तिकार) किसी मूर्ति को बनाता है, तब उसका यही ध्येय रहता है कि उसकी रचना या मूर्ति इतनी सजीव इतनी सुन्दर और इतनी पूर्ण बने, जिसे देखकर लोग ठगे रह जाएँ और जिन हाथों ने उसे तैयार किया है उनकी प्रशंसा किए बिना न रहें।

जब एक साधारण शिल्पी की ऐसी भावना हो सकती है, तो उस परम शिल्पी परमात्मा की भावना में यह शंका कैसे की जा सकती है कि मनुष्य की रचना करते समय उसका यह भाव नहीं रहा होगा कि उसकी रचना भी उसके अनुरूप सुन्दर और महान् बनें।

अतः सर्वप्रथम हमें यह जानना ज़रूरी है कि मानव में वे कौन-कौन से गुण, लक्षण या विशेषताएँ हैं जिनके कारण इसे दुर्लभ और सभी मानवेत्तर प्राणियों में सर्वश्रेष्ठ माना जाता है।

मानव जीवन की श्रेष्ठता उन प्राणियों से पूछिए जो मानवेत्तर योनियों को भोग रहे हैं। अनगिनत प्रकार के जीव-जन्तु, कीड़े-मकोड़े तथा नाना प्रकार के जलचर, थलचर और नभचर प्राणी तरह-तरह की यातनाएँ भोगते हुए बुद्धि और

विवेकहीनता की स्थिति में नारकीय जीवन जी रहे हैं। मनुष्य को छोड़कर अन्य सभी मानवेत्तर प्राणी अत्यन्त कष्टदायी और घृणित ज़िन्दगी बिताया करते हैं।

मानव जीवन बड़ा अनमोल है, अमूल्य है, अनुपम है, अद्वितीय है, अतुलनीय है। मनुष्य शरीर दुर्लभ है। इसे पाने को देवता भी तरसते हैं। मानव जीवन की गरिमा और महिमा सर्वसिद्ध है, सर्वविदित है। विभिन्न धर्म ग्रन्थों में भी मानव जीवन की महान् महिमा का वर्णन किया गया है।

मानव जीवन की दुर्लभता

मनुष्य जीवन अपने आपमें अद्भुत एवं महान् है। मनुष्य जीवन की यह महत्ता सर्वमान्य है। प्राचीन व अर्वाचीन हर समय के विचारकों और मर्मज्ञों ने इसका समर्थन किया है। रामचरितमानस में भी यही प्रतिपादन स्पष्ट रूप से मिलता है। काकभुशुंडि जी रामकथा के मर्मज्ञ ज्ञानियों में अग्रणी माने जाते हैं। उत्तरकाण्ड में कहते हैं -

नर तन सम नहिं कवनिउ देही। जीव चराचर जाचत जेही।।

अर्थात् "मानव तन के समान कोई देह नहीं है, चर-अचर जीव उसकी याचना करते हैं।" संसार के सभी जीव जिस शरीर को पाने की आकांक्षा करते हैं, वह कोई सामान्य उपलब्धि नहीं कही जा सकती। चैरासी लाख योनियों में भ्रमण करने के बाद ही यह दुर्लभ योनि मिलती है।

मनुष्य जीवन को पशु ही नहीं देवयोनि से भी श्रेष्ठ बताया गया है। ये दोनों योनियाँ भोग योनियाँ हैं। केवल मनुष्य की ही कर्मयोनि है। पशु अपने निम्न कर्मों का फल भोगते हैं और देवता अपने कल्याण और मुक्ति के लिए इस देव योनि में कुछ कर्म नहीं कर सकते। इसके लिए उन्हें भी मनुष्य शरीर में जन्म लेना पड़ता है।

श्रीरामचरितमानस भक्त काकभुशंडि और ज्ञानी पक्षीराज गरूड़ के बीच का संवाद है। भक्त काकभुशुंडि वक्ता हैं और ज्ञानी गरूड़ श्रोता हैं। भक्त प्रतिपादन कर रहा है और ज्ञानी जिज्ञासा कर रहा है। भक्त के प्रतिपादन में भावना का समुद्र लहराता है। उसमें तनिक भी खारापन नहीं होता है। वहीं ज्ञानी की जिज्ञासा में

कुतर्क का अभाव होता है। भक्त और ज्ञानी दोनों का परम उद्देश्य रामराज्य है, जो आचरण के उपादान के बिना संभव नहीं है। समग्र रामकथा श्रवण के पश्चात् पक्षीराज गरूड़ काकभुशुंडि जी से सात प्रश्नों की जिज्ञासा करते हैं। पहला प्रश्न पूछते हुए वह कहते हैं कि सबसे दुर्लभ शरीर कौन-सा है? काकभुशुंडि उत्तर देते हैं कि मनुष्य शरीर सबसे दुर्लभ है, क्योंकि मैंने स्वयं मनुष्य शरीर के रहते भगवान की भक्ति को पाया है। वह कहते हैं कि मनुष्य तन ही मोक्ष सुख का अनुभव भी करा सकता है। स्वर्ग के सुख को लोग भले ही श्रेष्ठ मानते हों, पर अंत में वह भी दुःख का कारण बनता है।

मनुष्य शरीर दिव्य है, यह दिव्य गुणों से युक्त है। इस देह को प्राप्त करने के लिए देवता भी लालायित रहते हैं। स्वर्ग के दिव्य वैभव में रहने वाले देवों का हृदय भी जिन वस्तुओं की प्राप्ति के लिए आतुर रहता है- वे हैं मानव जीवन, आर्य क्षेत्र और श्रेष्ठ सदाचारिणी माता की कोख से जन्म।

इसीलिए भगवान श्रीराम प्रजाजनों को उपदेश देते हुए स्वयं मनुष्य शरीर की महत्ता प्रतिपादित करते हुए कहते हैं-

बड़े भाग मानुष तन पावा। सुर दुर्लभ सद् ग्रन्थहिं गावा।।

''बड़े सौभाग्य से यह नर-शरीर मिला है। सभी ग्रन्थों ने यही कहा है कि यह शरीर देवताओं को भी दुर्लभ है।''

आध्यात्मिक क्षेत्र में अग्रणी

आध्यात्मिक क्षेत्र में तो मानव सबसे आगे है। अवतारों का इतिहास बताता है कि राम, कृष्ण, महावीर स्वामी, प्रभु ईशु आदि जितने अवतार, तीर्थंकर अथवा पैगम्बर हैं, सभी मानव योनि में हुए हैं। नर देह के महत्त्व का भारतीय संतों ने वर्णन किया है -

धन्य-धन्य यह नर देह। यह है अपूर्वता का गेह।।

समर्थ रामदास स्वामी ने कहा है - '*बहुना पुण्य-पण्येन त्रीतेयं कायनौस्त्वता*'

इसमें कहा गया है कि अरे भाई! यह मानव देह बड़े भाग्य से मिली है। संत तुकाराम ने तो नर देह को सोने का कलश कहा है।

अतः हमें इस सोने के कलश, जीवन को यूँ ही नहीं गँवा देना है, व्यर्थ बर्बाद नहीं हो जाने देना है, अपने कर्म के क्षेत्र में कुछ विशिष्ट उपलब्धियाँ प्राप्त करनी हैं, तभी हमारे ज़िन्दा रहने में जीवन की सार्थकता कहलायेगी।

महाभारत में महर्षि वेदव्यास बड़े राज की बात बताते हुए कहते हैं कि इस धरती पर मनुष्य जीवन से श्रेष्ठ और कुछ नहीं है। ऐसी दुर्लभ मानव योनि में जन्म लेने के बाद भी यदि मनुष्य जी भर भरपूर जीवन नहीं जीना चाहता तो इससे बड़ी दुर्भाग्य की क्या बात है?

नवनिर्माण एवं सृजनकर्ता

मानव के अलावा जगत् के समस्त प्राणियों की सम्पूर्ण ऊर्जा प्रायः प्रजनन एवं आत्मरक्षा (आहार एवं सुरक्षा) नामक दो मूल वृत्तियों की संतुष्टि में व्यय हो जाती है, परन्तु मानव एक ऐसा प्राणी है जिसके पास उक्त दोनों वृत्तियों की संतुष्टि के बाद भी पर्याप्त ऊर्जा शेष बनी रहती है। यह अवशिष्ट ऊर्जा का अंश मानव की अप्रतिम सम्पत्ति है। इसके द्वारा वह नवनिर्माण और नवसर्जनाएँ करके वैज्ञानिक आविष्कार, कलाकार, कवि, दार्शनिक, सौन्दर्यानुभूति आदि उपयोगी कार्य करता है। इस अतिरिक्त ऊर्जा को मनोविज्ञान की भाषा में सौन्दर्यनुभूति कहते हैं। यही अनुभूति मानव को सुखानुभूति कराती है।

मानव देव से भी श्रेष्ठ रचना

स्वर्गवासी देवताओं की कहानियाँ आपने सुनी होंगी। आप उनके चित्रों और मूर्तियों को श्रद्धा से देखते हैं, पूज्यनीय मानते हैं, उनकी कथाओं का वाचन करते हैं एवं श्रवण करते हैं। उनके आगे नतमस्तक होते हैं, किन्तु जिस भूमि पर आप रहते हैं, कभी उसके मूल्य के बारे में आपने सोचा है ?

ईश्वर के बाद दूसरा स्थान किसे दिया जाए ? ईश्वर के बाद का स्थान न तो स्वर्गलोकवासी देवताओं को मिल सकता, न बेचारे पशुओं को। दूसरा स्थान तो केवल भूलोकवासी मानव को ही प्राप्त हो सकता है। इसी भूमि पर गुरु वशिष्ठ, व्यास, वाल्मीकि, गुरुनानक जैसे अतिविशिष्ट मानवों ने जन्म लिया है। जिनके शिष्य बनने के लिए ईश्वर विभिन्न रूपों में इस धरती पर अवतरित हुए हैं।

मानव परमात्मा की देव से भी श्रेष्ठ रचना है। वह सृष्टि की सर्वश्रेष्ठ रचना होने के कारण परमात्मा की अन्तिम कृति मानी जाती है। उसके महत्त्व को लक्ष्य करके यहाँ तक कह दिया गया है कि मनुष्य में परमात्मा के स्वरूप की झाँकी देखी जा सकती है।

जैसा कि स्पष्ट किया जा चुका है मानव योनि देवयोनि से भी श्रेष्ठ मानी गई है। इसी प्रकार स्वर्गलोक से पृथ्वीलोक की श्रेष्ठता के बारे में बहुत कुछ कहा गया है। इस संदर्भ में रविन्द्रनाथ टैगोर की अन्तिम प्रार्थना में उनके कहे गए शब्द इस बात को स्पष्ट करते हैं-

"हे भगवान! मुझे स्वर्ग पाने की अभिलाषा नहीं है, लेकिन अगर तूने मुझे योग्य पाया हो तो बार-बार तेरी पृथ्वी पर भेज देना। बड़ी रंगीन, बड़ी सुन्दर थी। ऐसे फूल मैंने देखे, ऐसे चाँद, ऐसे सितारे, ऐसी आँखें, ऐसे सुन्दर चेहरे कि मैं दंग रह गया हूँ। मैं, हैरान हो गया हूँ, मैं आनन्द से भर गया हूँ। हे परमात्मा बार-बार मानव योनि दे, इसी भूलोक में मुझे भेज देना।"

भूलोक से देवलोक जाने की आकांक्षा नहीं -महर्षि भारद्वाज

महर्षि भारद्वाज ने जीवनभर सत्यव्रत का तप किया था। उनका शरीर इतना तेजोमय हो गया था कि मृत्यु भी उन्हें छूने से डरती थी, लेकिन विधि के विधानानुसार उनका भी अंत समय आया और नियत समय पर स्वर्ग से देवदूत एक सज्जित विमान लेकर उन्हें लेने आ पहुँचे। भारद्वाज सर्वज्ञानी थे। समझ गए कि अब जाना ही होगा, पर अपने तपोबल पर भी उन्हें भरोसा था। उन्होंने चलने से पूर्व देवदूतों से कहा -

"मैंने अपना जीवन सत्य, सेवा, तप और त्याग में व्यतीत किया है। विद्योपार्जन में मुझे आनन्द मिलता रहा है। क्या ये सब मौके मुझे स्वर्ग में उपलब्ध हो सकेंगे? क्या मैं वहाँ किसी के काम आ सकूँगा? क्या मेरे लिए वहाँ तपोभूमि होगी?"

देवदूतों ने बताया- "नहीं, ऋषिवर! वहाँ कोई काम नहीं है। सुख-उपभोग के सब साधन वहाँ मौजूद हैं। मनोरंजन के लिए आपका संकेत मात्र ही पर्याप्त है।"

यह सुनकर भारद्वाज ने वहाँ चलने से इंकार करते हुए कहा कि जहाँ मैं किसी के काम न आ सकूँ, जहाँ मैं किसी प्रकार की विद्या ग्रहण न कर सकूँ, वहाँ जाकर मैं क्या करूँगा? कृपया मुझे मनुष्यों के बीच ही रहने दें ताकि मैं जन्म भर ज्ञान प्राप्त करते हुए दूसरों की सेवा में स्वयं को अर्पित कर सकूँ।

उनके तर्कों से समक्ष देवदूत नत-मस्तक हो गए।

भूमि जिस पर हम हैं, वही सर्वश्रेष्ठ

एक संत अपने कुछ शिष्यों के साथ जंगल में गए। वहाँ का मनोरम वातावरण देखकर बोले- "कितनी अच्छी जगह है। यदि हमेशा यहीं रहने की व्यवस्था हो जाए तो कितना अच्छा है।"

यह सुनकर उनके शिष्यों ने पूछा- "गुरुजी! हमेशा रहने के लिए स्वर्ग की भूमि सर्वश्रेष्ठ या जंगल की ज़मीन?"

संत ने कहा- "शिष्यों, जिस भूमि पर हम अपने दोनों पैर रखकर खड़े हैं और जो भूमि हमारा भार वहन कर रही है, वही सबसे श्रेष्ठ भूमि है। यदि इस भूमि को हम स्वर्ग की भूमि से हीन समझते हैं तो हम इस पर पैर रखने के अधिकारी नहीं हो सकते।"

शिष्यों ने कहा- "परन्तु स्वर्ग की श्रेष्ठता की प्रशंसा तो कर ही सकते हैं?"

संत ने कहा- "जब हमारा कल्याण इसी धरती से हो रहा हो तो फिर ऊपर के काल्पनिक स्वर्ग की इच्छा या प्रशंसा की ज़रूरत क्या है?"

धरती स्वर्ग में भी श्रेष्ठ - स्वर्ग जाने से इंकार

एक समय की बात है। देवराज इन्द्र के दरबार में चर्चा चल रही थी कि पृथ्वी पर वर्तमान में सर्वश्रेष्ठ ऋषि कौन हैं? सभी देवगणों ने कहा- "गणेश भक्त मुद्गल जैसा श्रेष्ठ ऋषि पृथ्वी पर दूसरा कोई नहीं है।"

देवराज इन्द्र बोले- "मेरी यह इच्छा है कि हम उन्हें स्वर्ग में लाकर सम्मानित करें।"

इन्द्र की बात सुनकर नारदजी बोले कि "क्या ऋषि मुद्गल स्वर्ग में आने के लिए तैयार होंगे?"

देवगण कहने लगे कि "भला स्वर्ग में जाने के लिए कौन तैयार नहीं होगा। ऋषि मुनि वर्षों तक तपस्या करते हैं फिर भी अनेकों को यह अवसर नहीं मिलता। ऐसे में मुद्गल तो खुशी-खुशी आ जाएँगे।"

नारद जी ने कहा- "यदि आपको मेरे कथन पर विश्वास नहीं है तो जाकर परीक्षा ले लो।"

दो देवदूत ऋषि के पास पृथ्वी पर भेजे गए। दूतों ने कहा- "हम देवराज इन्द्र के दूत हैं, हम आपको स्वर्ग ले जाने के लिए आए हैं।"

ऋषि मुद्गल बोले- "देवदूतों आप देवराज इन्द्र से जाकर कहना कि मैं स्वर्ग में रहने का इच्छुक नहीं हूँ।"

देवदूतों ने प्रश्न किया- "आप स्वर्ग क्यों नहीं जाना चाहते?"

ऋषि बोले- "स्वर्ग और नरक तो इसी धरती पर हैं। जो लोग पापी हैं, दुष्कर्मी हैं उनके लिए सब जगह नरक ही नरक है और जो लोग पुण्यवान और सत्कर्मी हैं, पापों से दूर रहते हैं उन्हें इस धरती पर ही स्वर्ग का आनन्द मिलता है। फिर मातृभूमि से बड़ा कौन-सा स्वर्ग है। मुझे तो यह धरती स्वर्ग से भी श्रेष्ठ लगती है।"

परलोक स्वर्ग की घुटन से लौटे भूलोक

पुण्यात्मा और महाप्रतापी विद्रुध की समयानुसार मृत्यु हुई। सत्कर्मों के फलस्वरूप उन्हें स्वर्ग प्राप्त हुआ जहाँ वे सुख-साधनों का उपभोग करने लगे, लेकिन कुछ समय बाद ही उन्होंने महसूस किया कि वहाँ सुख-साधन तो बहुत हैं, लेकिन परमार्थ के अवसर नगण्य हैं। ऐसे स्वर्ग में उनका दम घुटने लगा। उनके मन में विचार आया कि जहाँ सुख हो, पर पुण्य करने का संतोष लाभ न मिले ऐसे स्वर्ग में रहकर मैं क्या करूँगा? वे उदास रहने लगे। उनकी उदासी उनके चेहरे पर स्पष्ट झलकने लगी।

देवराज इन्द्र ने जब उनसे उनकी उदासी का कारण पूछा तो उन्होंने अपने मन की व्यथा कह सुनायी - "मुझे सुख नहीं, शान्ति चाहिए, मैं विलास नहीं परमार्थ की कामना रखता हूँ।"

उनकी इस पुनीत अभिलाषा को देवराज इन्द्र और देवगुरु बृहस्पति ने बहुत सराहा और कहा- "सुख-सुविधा से भरे हुए स्वर्ग की अपेक्षा तपस्वियों का तपलोक अधिक श्रेष्ठ है। विद्रुध देवताओं से अधिक श्रेष्ठ है, इसलिए उन्हें वहाँ भेजा जाए, जहाँ पुण्य-परमार्थ और सेवा-साधन के ज़्यादा अवसर उपलब्ध हैं। ऐसा तपलोक ही श्रेष्ठ आत्माओं के लिए उपयुक्त है।"

सभा में उपस्थित देवताओं ने पूछा- "तपलोक कहाँ है देवगुरु ?"

देवगुरु ने कहा- "मनुष्य लोक ही तपलोक है, उच्च कोटि के देवता वहाँ निवास करते हैं। सेवा और संयम से प्राप्त होने वाला संतोष इस लोक में कहाँ? वह अवसर तो केवल भूलोक के निवासी मनुष्यरूपी देवताओं को ही उपलब्ध है।"

विद्रुध की महानता के आगे देवताओं के मस्तक झुक गए। पुण्य परमार्थ का संतोष लाभ करने के लिए उन्हें पुनः भूलोक भेज दिया गया। लौटने पर उन्होंने अत्यन्त प्रसन्नता और संतोष अनुभव किया।

जी भर जीने का मूलमंत्र - स्वयं प्रसन्न रहिए, दूसरों को प्रसन्नता दीजिए

मनुष्य को परमात्मा ने इस अपेक्षा से बनाया है कि जी भर भरपूर जीवन जिएँ, प्रसन्न रहे और दूसरों को भी प्रसन्न रखें। इस प्रकार वह यदि स्वयं प्रसन्न रहेगा और दूसरों को भी प्रसन्न रखने का प्रयास करेगा तो दुनिया में अप्रसन्नता को गायब होने में देर नहीं लगेगी। परमात्मा ने मानव को हर प्रकार से पूर्ण बनाया है इसीलिये तो मानव ईश्वर की सर्वश्रेष्ठ कृति कहलाती है। अतः मानव का यह परम कर्तव्य है कि वह परमात्मा की अपेक्षा की कसौटी पर खरा उतरे।

अमेरिका के न्यूयार्क शहर में एक नाटक जिसका नाम पोलियाना है महीनों तक चलता रहा और लोगों को मंत्रमुग्ध करता रहा।

पोलियाना नाटक की नायिका परमात्मा प्रदत्त प्रसन्नता की पुत्री कहती है- "जब परमात्मा ने आठ सौ बार हमें यह कहने का कष्ट उठाया है कि हम प्रसन्न रहे आनन्द मनाये, तो उसका अभिप्राय यही है कि वह हमसे यह कार्य करवाना

चाहता है। प्रसन्न रहो, अधिक प्रसन्न रहो। प्रसन्नता आपकी शक्ति का स्रोत हो। ईश्वर के संदेश का पालन करो। प्रसन्न रहो, आनंदित रहो। आपकी इस प्रसन्नता को, आपके इस आनंद को कोई छीन नहीं सकता।"

प्रसन्न रहिये, प्रसन्नता की बात सोचिए। दूसरों को प्रसन्नता दीजिये। यही आपके सुखी भरपूर जीवन जीने का रहस्य या मूलमंत्र है। जिस प्रकार एक व्यक्ति अपने संघर्षकाल में भी मुस्कुराता रहता है, मुस्कान ही उसकी प्रगति की सीढ़ी साबित होती है। उसी प्रकार आप भी मुस्कुराते रहिये, प्रसन्न रहिये। प्रसन्नता बेमोल है, अनमोल है। अपनी चिन्ता और तनाव को तिलांजलि देकर प्रसन्नता की ओर कदम बढ़ाएँ और परमात्मा के अनुपम उपहार जीवन को, जी भर जिएँ।

किसी ने क्या खूब कहा है -

बिन मोल है मानव जीवन का उपहार दुनिया में।
फिर क्यों न जिएँ जी भर ज़िन्दगी हजूर।।

मानव जीवन ईश्वरीय उपहार - जी भर जी कर करें सम्मान

मानव जीवन एक ईश्वरीय प्रसाद है, उपहार है और हर पल भरपूर ज़िन्दगी जीना उसके प्रसाद का सम्मान करना, आदर करना है, जबकि आधे-अधूरे, अनमने मन से जीवन जीना या गुज़ारना उसका अपमान है। किसी छोटे-से उपहार को मनुष्य जीवन भर सजाकर और संजोकर रखता है। उसे देखकर हर्षित होता, गर्वित होता है। फिर न जाने क्यों मानव जीवन जैसे अमूल्य उपहार की अवहेलना मनुष्य करता है? क्या इसलिए कि यह उसे ईश्वर द्वारा सहज में ही प्राप्त हो गया है? जीवन खोकर जीवन का मूल्य समझने वालों को अन्त में पश्चाताप के अतिरिक्त और कुछ नहीं मिलता।

अब पाछिताये होत का, जब चिड़िया चुग गई खेत

समय निकल जाने के बाद पश्चाताप करने का क्या लाभ है। इसलिए आनन्दपूर्वक जी भर जीते हुए ईश्वरीय उपहार का सम्मान करें।

जिएँ हर एक पल भरपूर

दुर्लभ, अनुपम मानव जीवन पाकर भी लोग क्यों आनंदित, उल्लासित, उत्साहित नहीं है। क्यों चिंतित, विचलित और पीड़ित दिखाई दे रहे हैं। क्यों समय को निरर्थक बर्बाद कर रहे हैं?

क्या हम भरपूर ज़िन्दगी जी रहे हैं? बेशक नहीं, हमारी ज़िन्दगी का एक बड़ा हिस्सा बीते कल की यादों में या आने वाले कल की योजना बनाने में बीत जाता है। यूँ ही कल-कल बह जाती है ज़िन्दगी हमारे सामने से। रह जाती है खाली मुट्ठी, वक्त रेत की तरह हाथों से फिसल जाता है। या फिर यूँ कह लें कि उबली अरबी या आलू की तरह फिसल जाता है, पल और बन जाता है कल और निकल जाती है ज़िन्दगी।

मानव जीवन मिलना एक बात है और उसे जी भर जीना दूसरी बात है। जीवन में आजीविका का अर्जन करना जीवन यापन है और आनन्द का सृजन करना जीवन की सार्थकता है। आज मनुष्य अपने उद्देश्य से भटकने के कारण जीवन के वास्तविक आनंद से वंचित है। सभी सुख-सुविधाओं साधनों के बीच रहकर भी जीवन के वास्तविक आंनद से वंचित है। यह तो वैसी ही बात है जैसा कि कबीरदासजी ने कहा है -

पानी में मीन प्यासी, मोह सुन-सुन आवत हाँसी।

उपर्युक्त सभी प्रश्नों का उत्तर और उनका समाधान पुस्तक के आगामी अध्यायों में दिया जा रहा है। बस आवश्यकता उन पर मनन-चिंतन कर आचरण करने की, ताकि आप हरपल जी भर ज़िन्दगी जी सके।

*

2.

यह जीना भी कोई जीना है

अंतिम यात्रा में लोग मुर्दे को कंधों पर उठाए श्मशान की ओर बढ़ते जाते हैं और बोलते जाते हैं- "राम नाम सत्य है।" मेरा अपना मानना है कि ये नारा मरे हुए के लिए नहीं अपितु मुर्दे के साथ जो अधमरे चल रहे हैं उनके लिए सुनाया जाता है। आज आदमी अधमरे की तरह जी रहा है। -मुनिश्री तरुणसागर

पृथ्वी पर मनुष्य ईश्वर की सर्वोत्तम कृति है। इसलिए ईश्वर द्वारा प्राप्त यह जीवन बहुत सुन्दर और मूल्यवान है। कुछ लोग इस जीवन को आशा, उत्साह, उमंग और अलंकरण की ऊर्जा के संग हँसते-मुस्कुराते प्रसन्नता से जीते हैं और अपने अभीष्ट लक्ष्य को प्राप्त कर लेते हैं, जबकि अधिकांश लोग अपनी हीन भावनाओं के वशीभूत हो छोटी-छोटी उलझनों और पेचीदगियों के कारण अपना जीवन बोझिल बनाकर शिकायत करते-करते जीते हैं। इस स्थिति में व्यक्ति तनावग्रस्त और अनेक मनोविकारों का शिकार हो जाता है।

ऐसे व्यक्तियों को अपने अतिरिक्त अन्य सभी से कुछ न कुछ शिकायत रहा करती है, उन्हें इस दुनिया में ढंग का कोई आदमी ही नज़र नहीं आता, मुश्किल से ऊँगलियों पर गिने जा सकने जितने व्यक्तियों से उन्हें कोई शिकायत नहीं होती, वे ही उन्हें पसन्द आते हैं- अच्छे लगते हैं। उनकी नज़र में कोई मूर्ख, कोई पागल, कोई फूहड़, कोई लोभी, कोई अनैतिक और मक्कार तो कोई और कुछ होता है, पर भला नहीं। ऐसे व्यक्तियों के लिए यह संसार एक प्रकार से जेलखाना और अपना जीवन एक बंदी का सा होता है। वे यदि अपनी दृष्टि को नहीं बदलते तो न तो वे अपने व्यक्तिगत जीवन में ही कोई संतोषजनक उपलब्धि पा सकते

हैं और न उन्हें सामाजिक जीवन में ही कोई सुख-संतोष मिलता है, न वे अपने सामाजिक दायित्वों को ही निभा पाते हैं। यह कहा जाए कि उन्होंने अपनी आँखों पर दुराग्रह का चश्मा चढ़ा रखा है, तो कोई ग़लत बात नहीं होती।

ऐसे लोगों का ही शिकायत करना और दुःखी रहना एक तरह से उनका स्वभाव बन गया है, जिसके कारण वे हर परिस्थिति में दुःखी हो जाते हैं और अपने दुःखी होने का कारण ढूँढ़ लेते हैं। चाहे खुशी के क्षण ही क्यों न हो, पर वे भी ऐसे लोगों को पूरी तरह से खुशी नहीं दे पाते, क्योंकि दुःख का आवरण उन्हें हर पल घेरे रहता है। अपने आगोश में जकड़े रहता है।

ऐसे व्यक्तियों के लिए दुनिया का प्रत्येक क्रियाकलाप, प्रत्येक परिस्थिति तथा घटना दुःखदायी ही होती है और होना भी चाहिए। जिसका पक्का विश्वास बन चुका है कि संसार दुःख का सागर है, उसे इस दुनिया में सिवाय दुःख के और क्या हाथ आ सकेगा। ऐसी निराशपूर्ण धारणा बना लेने वाला ज़िन्दगी भर रोने-झींकने, चिढ़ने-कुढ़ने और दुनिया को दोष देने के अलावा और कर ही क्या सकता है? दूसरों को हँसते-बोलते, खेलते,खाते-पीते और प्रसन्न रहते देखकर ईर्ष्या करता है और अन्दर ही अन्दर भुनभुनाता रहता है। ऐसे व्यक्ति को औरों का हँसना, बोलना ही नहीं, दूसरों का रोना भी अच्छा नहीं लगता। किसी का हँसना, प्रसन्न होना तो ईर्ष्या के कारण नहीं भाता और दुःख से उत्तेजित होने के कारण किसी के रोने को भी बुरा मानता है। निःसंदेह ऐसे व्यक्तियों के लिए जीवन एक भयंकर अभिशाप बन जाता है जो ज़िन्दगी को एक सजा मानकर काट रहे हैं।

यह तो है एक कड़ी सजा साँई।
ज़िन्दगी की न दे दुआ साँई।।

एलेक्सी करेल ने सत्य ही कहा है, "मनुष्य की औसत आयु बढ़ी है यह सच है, परन्तु जिसे आज जीवित देख रहे हैं वह भीतर से कितना मरा हुआ है इसका कोई मापदण्ड नहीं है।"

हरेक को हरेक से शिकायत

आप किसी वृद्ध माँ-बाप से दिल की बात पूछिए। वे भुनभुनाते कहेंगे -

हमने इन औलादों के लिए क्या नहीं किया, इनकी भलाई के लिए कौन-कौन से कष्ट नहीं झेले? रातें जागी, बीमारी में महीनों गोद में उठाए फिरे। नौकरी लगाने के लिए अदने-से-अदने आदमी की ख़ुशामद की, पेट काटकर ज़िन्दगी भर की मेहनत का पैसा ख़र्च कर इन्हें पढ़ाया है। यह खून-पसीने की जायदाद भी इन्हीं के लिए खड़ी है, मगर साहब सबके सब नाशुक्रे हैं। आज हमें किसी काम के लिए नहीं पूछते, हमें बोझ समझते हैं जैसे हमने इनके लिए कुछ किया ही न हो। मन में आता है कि मर जाऊँ।

बड़े भाई को शिकायत है कि उसने छोटे भाई की पढ़ाई-लिखाई के लिए अपना सब कुछ कुर्बान कर दिया, लेकिन छोटा भाई इन सब अहसानों को भूल गया है, अब तो वह हमें देखकर मुँह फेर लेता है।

पड़ोसी को शिकायत है कि उसने आपको ज़मीन दिलवाई मकान बनाने में सहायता की। कई बार मार्गदर्शन दिया और आप उससे सीधे मुँह बात भी नहीं करते।

ऑफिस के सहकर्मी ने आपको नौकरी दिलाई, काम सिखाया, साहब की नाराजगी से बचाया मगर उसे इस बात की पीड़ा है कि आप अहसान फ़रामोश निकले। दोस्त का मन खट्टा है। आपके लिए उसने कितना किया मगर भूलकर भी सपने में उसके उपकारों को नहीं माना।

पति को दुःख है कि उसने दिन-रात मेहनत करके जो कुछ कमाया परिवार पर व्यय कर दिया, वह दिन-रात भाग-दौड़ करता रहा और पत्नी घर पर आराम करती रही। उसकी हर ज़रूरत पूरी की, मगर वह मुझे सिर्फ कमाई की मशीन समझती रही और कृतज्ञ होने के बजाय अपने आपको सभी सुविधाओं की अधिकारिणी मानती रही।

पत्नी को पति से शिकायत है कि उसने रात-दिन मेहनत कर आपके घर को सँवारा, कपड़े धोए, मनपसंद खाना बनाती रही, आपके बच्चों को पाला-पोसा,

मेहमानों की आवभगत करती रही, सारी ज़िन्दगी सिर्फ आपको दी और शरीर का नाश कर दिया। मगर आप उसकी सेवा को अपना अधिकार मानते रहे और कभी उसका अहसान नहीं माना।

दादी माँ की शिकायत

अब हम तो पके हुए फलों की तरह हैं, हमारी ओर कोई ध्यान नहीं देता। घर में एक बहू है जो हमारी तरफ देखने की बजाए टी.वी. के परदे को देखना अधिक पंसद करती है। एक लड़का है जो हमेशा अपने 'जॉब' की टेंशन में रहता है। यह तो अच्छा है कि मैं अभी अपने पैरों पर खड़ी हूँ, किसी की सेवा नहीं लेना पड़ती है। पोते-पोती मुझ से कहानियाँ सुनने या बातचीत करने के बजाय 'लेपटॉप' से चिपके रहते हैं। अब तो इस घर में हमारी कोई वैल्यू ही नहीं रह गई। कभी ऐसा नहीं होता कि वे अपना लेपटॉप बंद करके मेरे पास आए और दो शब्द प्यार से बोलें। घर में मुझसे बातें करने के लिए किसी के पास समय ही नहीं है।

वृद्धों की शिकायत

कई वृद्धों को शिकायत रहती है कि उनके बच्चे उन्हें अपने दोस्तों से नहीं मिलवाते उनसे दूर ही रखते हैं। वे उलाहना देते हैं- "तुम हमें किसी से मिलवाने में भी शर्म महसूस करते हो, क्या आज हम इतने गए गुज़रे हो गए ?"

एक वृद्ध व्यक्ति ने अपनी व्यथा को इस प्रकार व्यक्त किया - "मेरे जीवन की उपयोगिता समाप्त हो गई है - 'एक्सपायरी डेट' निकल जाने के बाद आले में रखी दवा की शीशी की तरह, जिसका अस्तित्व तो रहता है, पर फिर भी उपेक्षित पड़ी रहती है, घर के किसी कोने में, अंतिम रूप से फेंके जाने की प्रतीक्षा में।"

इस दुनिया में जीना ही निरर्थक है

यदि आप किसी भी व्यक्ति को थोड़े-से अपनेपन के साथ खरोंचकर देखें तो आप पाएँगे कि आज अधिकांश लोग आधे-अधूरे मन से जी रहे हैं। उनके

अन्दर ही अन्दर तरह-तरह के पछतावे, आशंकाओं, नाराजगी, गुस्सा, जलन, तनाव, निराशा, पराजय, चिन्ताओं आदि का गंदा और बदबूदार सैलाब उमड़ रहा है। थोड़ी-सी हमदर्दी या आत्मीयता के साथ किसी के पास पाँच मिनट बैठकर उससे बात करके तो देखिए। बस, फिर क्या वह आपके सामने अपने दुःखों और कुण्ठाओं का महाकाव्य खोल देगा। हरेक की भलाई करने पर भी लोगों से उसे अपमान और बदनामी मिलती है। अपने सगे-सम्बन्धी इतने अहसान फ़रामोश निकले कि उन्होंने भलाई के बदले बुराई के अलावा क्या दिया? लोगों ने हमारी नेकनियति और भोलेपन का फायदा उठाकर साँप की तरह डँसा है। जिन लोगों की हमसे बात करने की हिम्मत नहीं होती थी, जो हमारे तलवे चाँटते थे, वे आज हमसे बात करना तो दूर की बात है हमारी ओर नज़र उठाकर भी नहीं देखते। कैसा ज़माना आ गया। हमारे जैसे भले लोगों का तो दुर्भाग्य है, ऐसी दुनिया में जीना ही निरर्थक है। अधिकांश लोगों की इसी प्रकार रोते-झींकते, ज़िन्दगी निकल रही है।

निःसंदेह ऐसे व्यक्तियों के लिए जीवन एक भयंकर अभिशाप बन जाता है। जो ज़िन्दगी को एक सजा मानकर काट रहे हैं। ऐसे व्यक्तियों का सोच हो जाता है -

माँगने से जो मौत मिल जाती, कौन जीता फिर इस ज़माने में।

अंग्रेज़ी भाषा के प्रसिद्ध कवि इलियट अपने प्रत्येक जन्मदिन पर काले व भद्दे कपड़े पहनकर शोक मनाया करते थे तथा कहते थे- "अच्छा होता यह जीवन मुझे ना मिलता, मैं दुनिया में ना आता।" जबकि इसके ठीक विपरीत अँधे कवि मिल्टन का कथन था- "भगवान का लाख-लाख शुक्रिया जो मुझे जीने का अमूल्य वरदान दिया।"

रोशनी में अँधेरा, खूबसूरती में कुरूपता

कुण्ठित लोग सब जगह अंधकार और निराशा फैला देते हैं। न इन्हें अपनी उपलब्धियों से खुशी होती है, न उनसे दूसरों की सफलता सहन होती है। मेरे पड़ोसी को एक लाख रुपये की लॉटरी मिल गई। महाशय को पैसे की सख़्त

ज़रूरत भी थी। मैंने जाकर बधाई दी तो उदास भाव से जवाब दिया- "हमारे पास क्या बचने वाला है? आधा पैसा तो सरकार आयकर में जमा कर लेगी।" इसके बाद बीस मिनट तक श्रीमान् का भाषण सरकार की कर-नीति के खिलाफ चलता रहा।

एक दूसरे महानुभाव हैं सेठी साहब। इनके बच्चे ने बड़ी खुशी से दौड़ते हुए आकर इन्हें अपना परीक्षा परिणाम सुनाया कि वह प्रथम श्रेणी में पास हुआ है और कक्षा में उसका दूसरा स्थान आया है। "पहला स्थान किसका आया?" पिता ने गुस्सा होकर पूछा मुकुन्द! बच्चे ने घबराकर जवाब दिया- "मैं जानता था तुम मुकुन्द के पीछे ही रहोगे।" पिता ने कहा, बच्चा सहम गया।

कुण्ठित आदमी रोशनी में भी अँधेरा ढूँढ लेता है। उसे खूबसूरती में भी कुरूपता ढूँढ लेने की विशेष महारत प्राप्त होती है। वह कमियाँ और खराबियाँ देखने के लिए पैनी नज़र रखता है। उसे किसी की भी भलमनसाहत पर भरोसा नहीं होता।

दोषी दूसरे, हम निर्दोष

निराशा और कड़वाहट से भरे लोगों के शत्रु होते हैं, बेचारे सुखी और सफल आदमी। गायत्री की तीन पुत्रियाँ और ममता के तीन पुत्र हैं। इसमें न सफलता की बात है, न विफलता की, मगर ईर्ष्यावश गायत्री ने बरसों पहले से ही ममता से बोलना छोड़ दिया। अन्य महिलाओं से बात करते समय गायत्री घुमा-फिराकर इस बात पर ज़रूर ज़ोर डालने लगती है कि आजकल लड़के और लड़की में कोई फ़र्क नहीं है। लड़के अक्सर कपूत निकलते हैं। पुत्रियाँ घर के काम-काज में सहारा देती हैं।

प्रेम में धोखा खाए हुए लोग प्रेमियों की मूर्खताओं पर हँसते हैं और कंजूस लोग उदारता से ख़र्च करने वाले लोगों को दिखावा पसन्द या पाखण्डी सिद्ध करते हैं। ज़िन्दगी की दौड़ में पिछड़े हुए व्यक्ति कामयाब लोगों को चापलूस और बेईमान बताते हैं तथा बुरे चाल-चलन की औरतें दूसरी स्त्रियों को बदनाम

करती फिरती हैं। दाम्पत्य में दुःखी लोग प्रेमी पतियों को जोरू का गुलाम बताते हैं और आलसी लोग मेहनती व्यक्तियों को लालची साबित करते नहीं थकते।

दरअसल, ये कुण्ठित लोग अपनी विफलता के लिए अन्दर-ही-अन्दर खुद को धिक्कारते रहते हैं। स्वयं पर क्रोध प्रक्षेपण की क्रिया द्वारा बाहर की दुनिया पर आरोपित हो जाता है। दूसरों को दोषी ठहरा कर हम अपनी ही निगाहों में निर्दोष बन जाना चाहते हैं। इस प्रकार हम आत्मग्लानि के तनाव से बचने की कोशिश करते हैं।

अब क्या रखा है यार, गए वो दिन

बहुत-से व्यक्ति उदास और निराश घर में बैठे हुए मक्खियाँ मारा करते हैं और हर किसी को अपने दुर्भाग्य, अपनी दरिद्रता और परेशानियाँ आदि की गाथा सुनाते रहते हैं।

उन्हें आप यही कहते हुए सुनेंगे कि वे बड़े बदनसीब हैं उनके भाग्य में सुख है ही नहीं, उनकी तक़दीर फूटी हुई है। उनके चेहरे की ओर देखने से ऐसा प्रतीत होता है मानों जीवन का माधुर्य नष्ट करने वाले पदार्थों से उन्होंने गहरा रिश्ता जोड़ लिया हो।

इसी प्रकार कई लोगों की बातचीत में एक तकिया कलाम होता है- "अब क्या रखा है ज़िन्दगी में", "यार गए वो दिन" उनसे हाल-चाल पूछने पर वे कहते हैं- "दिन काट रहे हैं।" आप उनसे पूछे कि आजकल आप क्या कर रहे हैं तो उनका उत्तर होगा- "बस वक्त गुज़ार रहे हैं।" ऐसे निरूत्साही लोगों के पास पाँच मिनट बैठना भी निराशा और ऊब से भरा होगा। दरअसल ऐसे लोग मौत के संदेशवाहक हैं।

कुछ लोग दीन-हीन परिस्थितियों में पड़े हुए हैं। हेय और गया गुजरा आसफल जीवन जी रहे हैं। किसी तरह रोते-झींकते जीवन के दिन पूरे कर रहे हैं, न कोई आशा, न कोई उमंग, न कोई योजना, न दिशा। मानों पेट पालने और बच्चा पैदा करने भर के लिए जन्म लिया हो, उसी के जंजाल को समेटने के लिए कुछ करते रहने के लिए दुनिया में फँसे पड़े हैं, ऐसे लोगों का क्या कोई

जीवन है? ऐसी सोच रखने वाले लोग सही अर्थ में ज़िन्दा नहीं हैं। वे अपनी मृत्यु के पूर्व एक्सपायर हो चुके हैं।

उम्र 80 वर्ष जिए 5 वर्ष

राजा नौशेरवां अत्यन्त जिज्ञासु प्रकृति के थे। वे जिससे भी मिलते उससे कुछ न कुछ सीखने का प्रयास करते थे। एक रोज वे भेष बदलकर कहीं जा रहे थे, रास्ते में उन्हें एक वृद्ध कृषक मिला जिसके चेहरे पर झुर्रियाँ थीं और बाल पककर सफेद हो चुके थे, लेकिन उसमें युवकों जैसा उत्साह और चेतनता विद्यमान था। इसका रहस्य जानने की इच्छा से नौशेरवां ने कृषक से पूछा महाशय! आपकी उम्र कितनी हैं? वृद्ध ने मुस्कुराते हुए उत्तर दिया कुल पाँच वर्ष।

नौशेरवां ने सोचा बूढ़ा दिल्लगी कर रहा है, पर सच पूछने पर भी अब उसने पाँच वर्ष की आयु बताई, तो उन्हें क्रोध आ गया। एक बार तो मन में आया कि उसे बता दूँ - मैं साधारण व्यक्ति नहीं, राजा हूँ, पर उन्होंने विचार किया कि उत्तेजित होने वाले व्यक्ति सच्चे 'जिज्ञासु' नहीं हो सकते। जब नौशेरवां ने फिर से पूछा, "पितामह! आपके बाल पक गए, शरीर में झुर्रिया पड़ गईं, लाठी लेकर चलते हैं, मेरा अनुमान है कि आप 80 से कम नहीं होंगे, फिर आप अपने को पाँच वर्ष का कैसे बताते हैं?"

वृद्ध ने इस बार गंभीर होकर कहा- "आप ठीक कहते हैं, मेरी उम्र 80 वर्ष की है, किन्तु मैंने 75 वर्ष धन कमाने, ब्याह शादी करने और बच्चे पैदा करने में बिता दिए, इस दौरान मैंने न तो देशाटन किया, न किसी प्रकार की सेवा की और न ही स्वाध्याय किया। मेरा मन ईश्वर की उपासना में भी नहीं लगा। ऐसा जीवन कोई पशु ही जी सकता है। इसलिए उसे मैं मनुष्य की ज़िन्दगी नहीं किसी पशु की ज़िन्दगी मानता हूँ। अब पिछले पाँच वर्षों ज़िन्दगी गुनगुनाते गुज़ार रहा हूँ। मेरा मन ईश्वर उपासना, दूसरों की मदद करने, तीर्थयात्रा करने और पुस्तकें पढ़ने में लग गया है। इसलिए मनुष्य के रूप में अपनी उम्र पाँच वर्ष की मानता हूँ।

नौशेरवां वृद्ध का उत्तर सुनकर बहुत प्रसन्न और संतुष्ट हुए और अपने राजमहल लौटकर सादगी और सेवाभाव से जीवन जीने लगे।

एक बुढ़िया बचपन में ही मर गई

एक विद्वान् संत अपने प्रवचन में एक ऐसी बुढ़िया की कहानी सुनाने जा रहे थे जो बचपन में ही मर गई थी। जैसे ही उन्होंने सुनाना शुरू किया लोग हँसते हैं और पूछते हैं कि बुढ़िया थी तो बचपन में कैसे मर गई और बचपन में मर गई तो बुढ़िया कैसे हुई? संत ने लोगों की जिज्ञासा शान्त करते हुए कहा कि जन्म लेने को ही जीवन नहीं समझ लेना चाहिए, जो आयु केवल रोने-झींकने, खाने-पीने और सोने में गुज़र गई उसका क्या मूल्य। व्यक्ति का असली जन्म तो उस दिन होता है जब उसे अपने अस्तित्व का बोध होता है और जीवन में दया, धर्म, परोपकार, संवेदनशीलता जैसे मानवीय गुणों का समावेश होता है केवल माँ के पेट के बाहर आ जाना ही जन्म नहीं है।

संत कबीरदास ने ठीक ही कहा है -

रात गँवाई सोई के, दिवस गँवाया खाय।
हीरा जन्म अमोल-सा, कौड़ी बदले जाय।।

जीवन वह नहीं है "जो जिया गया है" बल्कि जीवन वह है जिसे हँसते, मुस्कुराते प्रसन्नता से जिया जा रहा है। वर्षों की संख्या जीवन का पर्याय नहीं है, उसका उपयोग ही जीवन का पर्याय है।

आदमी क्यों भुनभुनाता रहा है दुःखी है ?

इस दुनिया में इतना दुःख दर्द कहाँ से आया? पृथ्वी के इस विशाल रंगमंच पर हर व्यक्ति क्यों भुनभुनाता रहा है? भेड़ियों के जंगल में मयूर मस्ती से नाच रहे हैं, सिंहों की घाटी में हिरण चैकड़ी भर रहे हैं, झींगरों ने साँपों से भरी झाड़ियों में तान छेड़ रखी है, वृक्षों के झुरमुट में परिंदे संगीत का झरना बहा रहे हैं, कसाई के घर जाता हुआ बकरा मजे में नीम की पत्तियाँ चबाता हुआ उछलता-कूदता आगे बढ़ रहा है, सपेरे की पिटारी में बंद साँप सुरों पर झूम रहा है, तो फिर यह आदमी ही क्यों भुनभुना रहा है, सिसक रहा है, रो रहा है?

जिसे ज़िन्दगी जीने की अक्ल नहीं है वही दुःखी है

महान् रोमन दार्शनिक लुनियस अॅनेयस सिनेका की एक पुस्तक मुझे मिली, उसमें शाश्वत सत्य से परिपूर्ण एक वाक्य पढ़ने को मिला -

No man is unhappy except by his own fault.

हर दुःखी आदमी केवल अपनी ग़लती से ही दुःखी है जिसे जीने की अक्ल नहीं है वही दुःखी है।

एक संस्कृत विद्वान् का कथन भी इस तरह का है -

शोकस्थान सहस्राणी भ्यास्थान शतनि च।
दिवसे दिवसे मूढ़ मलिशांति न पडितम्।

मूर्ख ही इस जीवन में प्रतिदिन कदम-कदम पर हज़ारों दुःखों के स्थान और सैकड़ों भय पर पहुँचता है, समझदार नहीं। एक अन्य विद्वान् ने भी यही बात कही है -

देह धरे का दण्ड है, सच काहू को होय।
ज्ञानी हँसकर काट दे, मूरख काटे रोय।।

*

3.

स्वस्थ एवं दीर्घायु रहें, जिएँ जी भर

जीवन जी भर जिएँ, सुखमय हो, शानदार ढ़ंग से बीते इसके लिए यह आवश्यक है कि यदि खानपान में थोड़ा संयम रखा जाए और जीवन शैली में वांछित, परिवर्तन लाया जाए तो अच्छा स्वास्थ्य बनाए रखा जा सकता है। वैज्ञानिक परीक्षणों एवं सर्वेक्षणों से यह बात पूरी तरह सिद्ध हो चुकी है कि संयम, खानपान, परहेज, नियमित शारीरिक श्रम और सादा जीवन शैली चाहे जिस आयु में प्रारंभ की जाए वह लाभ ही देगी।

- मेलिसा बायड, अमेरिका की स्वास्थ्य विशेषज्ञ

जब तक आप स्वस्थ्य हैं तब तक पूरी दुनिया आपके साथ है, लेकिन जिस दिन आपका शरीर साथ नहीं देगा उस दिन आपका 'अपना' ही 'सपना' हो जायेगा। मुनि तरुणसागर का कहना है कि धन कमाने में लापरवाही कर लेना। रिश्ता बनाने में लापरवाही कर लेना, यहाँ तक कि गाड़ी चलाने में भी लापरवाही कर लेना, लेकिन अपनी सेहत के बारे में कभी लापरवाही मत करना। सेहत है तो कुछ न होकर सब कुछ है और सेहत नहीं तो सब कुछ होकर भी कुछ भी नहीं।

संसार के सभी कार्य स्वास्थ्य पर निर्भर हैं जिस काम को करने में किसी प्रकार की परेशानी न हो, मेहनत से जी न उकताए, मन में काम करने के प्रति उत्साह बना रहे और मन प्रसन्न रहे, मुख पर आशा की झलक हो, यही शरीर के अच्छे स्वास्थ्य की पहचान है। जिसका स्वास्थ्य अच्छा होता है उसमें प्राणशक्ति अधिक होती है। ऐसा व्यक्ति धनोपार्जन, सामाजिक, नैतिक, आध्यात्मिक एवं वैयक्तिक सब कर्तव्यों का पालन कर सकता है और जीवन पर्यन्त अपनी जीवन यात्रा सुख शान्ति से पूर्ण कर सकता है।

इसीलिए कहा गया है -

पहला सुख निरोगी काया।

स्वस्थ्य कैसे रहें अथवा हमारी काया किस प्रकार निरोगी बनी रहे। इस सम्बन्ध में कुछ महत्त्वपूर्ण जानकारी प्रस्तुत की जा रही है। अधिकांश बातें शरीर विज्ञानियों, विभिन्न विश्वविद्यालय एवं संस्थाओं के शोध निष्कर्षों तथा सर्वेक्षणों पर आधारित हैं।

भोजन कब करें ?

भोजन कब करना चाहिए ? इसका स्पष्ट उत्तर यह है कि- "जब पेट माँगे, ज़ोर की भूख लगे। बिना भूख न खाना एक ऐसा स्वर्ण सिद्धान्त है जो निरोगिता की जीवनभर रक्षा कर सकता है। जब तक जोर की भूख न लगे, कुछ मत खाइए। पेट जब तक पिछले काम को समाप्त न कर लें, तब तक उस पर नया बोझ मत डालिए। भूख न लगने पर भी खाना, पेट के साथ बेइंसाफी करना है। नियत समय पर भोजन कर लीजिए और फिर तब तक एक दाना भी मुँह में मत जाने दीजिए, जब तक पेट को नए भोजन की ज़रूरत न हो।"

कितना खाएँ ?

कितना खाएँ ? इस प्रश्न का उत्तर यह है कि पेट को आधा अन्न से भरिए, एक-चैथाई पानी के लिए और एक-चैथाई हवा आने-जाने के लिए खाली रहने दीजिए। यह बहुत ही गलत विचार है कि जो अधिक खाएगा वह अधिक बलवान बनेगा। सच बात यह है कि आमतौर से जितना आहार लोग करते हैं उससे आधे को पचाने की शक्ति उनमें होती है, लेकिन 'अधिकस्य अधिकं फलम्' की नीति के अनुसार जितना अधिक खा सकते हैं उतना खाते जाते हैं। यदि दो मन बोझ उठाने वाले के ऊपर पाँच मन लाद दिया जाए, तो उसका बुरा हाल हो जाएगा। यदि उससे ठीक तरह काम लेना है तो दो मन के स्थान पर डेढ़ मन ही वज़न रखना चाहिए। अधिक खाने से बल बढ़ता नहीं, वरन् घटता है। बलवर्धक वही भोजन हो सकता है, जो आसानी से पचकर शरीर में घुल जाए। जो बिना पचे, पेट की बहुत-सी शक्तियों को नष्ट करके, कच्चा ही मूलरूप में

निकल जाए वह कितना ही उत्तम भोज्य पदार्थ क्यों न हो कुछ भी लाभकर सिद्ध न होगा। भोजन द्वारा अच्छा रक्त तब बनता है, जब वह भली प्रकार पच जाए। इसलिए आप बढ़िया भोजन की तलाश में व्याकुल मत फिरिए। यदि जौ, चना की रोटी मिलती है, तो उसे प्रेमपूर्वक खाइए, वह हलुआ और रबड़ी से अधिक उपयोगी सिद्ध होगी, बशर्ते कि उसे पेट को खाली रखकर खाएँ। यदि कोई गरिष्ठ, भारी भोजन सामने आता है और उसे खाए बिना गुजारा नहीं तो प्रसन्नतापूर्वक खाइए, परन्तु ध्यान रखिए, आधे पेट तक ही उसे स्थान दिया जाए।

क्या खाएँ ?

क्या खाएँ ? इस प्रश्न का उत्तर है कि- "अपने असली रूप में जो वस्तुएँ जिह्वा के रुचिकर हों।" इस दृष्टि से फल उत्तम भोजन है। गरीब आदमी भी सस्ते ऋतुफलों को भोजन में प्रमुख स्थान देकर, स्वस्थ रह सकता है। इसके बाद रसीली सजीव वस्तुओं का नम्बर है। दूध बहुत उत्तम भोजन है। शाक-सब्जी मामूली अग्नि संस्कार द्वारा काम चलाने योग्य बना लेने चाहिए। स्मरण रखिए, जो भोजन जितना ही अग्नि पर अधिक पकाया जाता है, वह उतना ही निरर्थक हो जाता है। उसके उपयोगी तत्त्व अग्नि में जल या झुलस जाते हैं और छूँछ बच रहती है। जहाँ तक संभव हो प्राकृतिक दशा में प्राप्त होने वाला सजीव, रसीला भोजन करना चाहिए। न मिलने पर सूखी वस्तुओं से काम चलाया जा सकता है। फिर भी जहाँ तक हो उनके पोषक तत्त्वों को कम-से-कम मात्रा में नष्ट करने का अवसर आने देना चाहिए। छिलके सहित अन्न और दालों का प्रयोग करना चाहिए।

शारीरिक श्रम के अभाव में पाचन क्षमता कमज़ोर हो जाती है, इसलिए कब्ज की शिकायत होती है। अधिक रेशे वाली चीज़ें और भरपूर पानी का सेवन करें, मदद मिलेगी। पेट का भारीपन, खिंचाव या पेट भरा महसूस होना भी आम है। ऐसी स्थिति में एक साथ अधिक भोजन करने के बजाय दिनभर में 3-4 बार थोड़ा-थोड़ा करके खाएँ। फल, हरी पत्तेदार सब्जियाँ रोज़ खाएँ।

कैसे खाएँ ?

अच्छे पाचन तंत्र के लिए भोजन को बार-बार चबाने की ज़रूरत है। डाइजेस्टिव हेल्थ एक्सपर्ट और गो विथ योरगट पुस्तक के लेखक रोबन यूकिलिस का कथन है कि -

"जब आप भोजन को द्रव में बदलने तक नही चबाते तो आप पाचन के मूलभूत सिद्धान्त की अवहेलना करते हैं। मैं हमेशा लोगों से कहता हूँ कि अमाशय के दाँत नहीं होते इसलिए भोजन को बार-बार चबाओ।"

यूकिलिस कहते हैं कि -

"जो लोग भोजन को पर्याप्त रूप से चबाते नहीं हैं उन्हें अपच और कब्ज की शिकायत होती है। इसके अलावा एसिडिटी की समस्या भी उनके सामने उपस्थित होती है।"

भोजन का समय एवं मात्रा -

चारू मेहता, डायटीशियन और योग एक्सपर्ट

भोजन के मामले में मौसम, समय और मात्रा बहुत अहम् हैं। कई अध्ययनों से यह बात सामने आई है कि भोजन का अधिकांश भाग दिन के पहले हिस्से में ले लेना चाहिए। यानी आपका नाश्ता बड़ा और हैवी, दोपहर का भोजन संतुलित और रात्रि का खाना बहुत कम हो। खाने का यह पैटर्न गर्मियों में अधिक उपयोगी है। यह हमारी बॉयलॉजिकल क्लॉक के लिए एकदम सही है। दरअसल में हमारी बॉयलाजिकल क्लॉक पर ही भोजन पचाने की क्षमता निर्भर करती है। जैसे-जैसे दिन चढ़ता है, हमारा मेटाबॉलिज्म कमज़ोर होता जाता है। सुबह 9 बजे खाया गया भोजन, रात 9 बजे खाये गये भोजन की तुलना में बिल्कुल अलग असर करता है। भले ही भोजन समान और बराबर मात्रा में हो। शाम को 6 बजे कुछ खाने की तुलना में रात 10 बजे के बाद खाते हैं तो ब्लड शुगर का स्तर 20 प्रतिशत तक बढ़ सकता है।

नाश्ते में फल, सब्जियाँ, अंकुरित अनाज, प्रोटीनयुक्त खाद्य ज़रूर शामिल करें इसके साथ एक गिलास दूध या फिर दही लेते हैं तो वह इसे संपूर्ण बनाता है।

ये मिलकर दिन भर शरीर के लिए ज़रूरी मिनरल्स, ऊर्जा के लिए कार्बोहाइड्रेट्स और माइक्रो न्यूट्रिएंट्स उपलब्ध कराते हैं।

रात का भोजन सोने के 3 घंटे पहले ज़रूर कर लें। उदाहरण के तौर पर यदि आप 11 बजे सोते हैं तो रात का भोजन हर हाल में 8 बजे समाप्त हो जाना चाहिए। यदि ऐसा करना मुश्किल है तो भोजन में सूप, मूँगदाल खिचड़ी, पनीर, सलाद आदि ले सकते हैं।

ग़लत खानपान की वजह से होती हैं 56 प्रतिशत बीमारियाँ

भारतीय चिकित्सा अनुसंधान परिषद् (आईसीएमआर) ने भारतीयों के लिए संशोधित आहार दिशा-निर्देश जारी करते हुए शारीरिक गठन के लिए इस्तेमाल किए जाने वाले प्रोटीन सप्लीमेंट से बचने का अनुरोध किया है। साथ ही नमक का सेवन सीमित करने, शर्करा तथा अति प्रसंस्कृत खाद्य पदार्थों के इस्तेमाल में कमी लाने और खाद्य लेबल पर लिखी जानकारी पढ़ने को कहा है। आइएमसीआर का कहना है कि एक अनुमान के अनुसार, देश में 56.4 प्रतिशत बीमारियाँ ग़लत खानपान की वजह से होती है।

शीर्ष स्वास्थ्य अनुसंधान निकाय के अन्तर्गत कार्य करने वाले हैदराबाद स्थित राष्ट्रीय पोषण संस्थान (एनआइएन) ने भारतीयों के लिए ज़रूरी पोषक तत्त्वों की आवश्यकताओं को पूरा करने और गैर-संचारी रोगों (नॉन कम्यूनिकेबल डिज़ीज - एनसीडी) को रोकने से सम्बन्धी संशोधित दिशा-निर्देश जारी किए। सम्बन्धित दिशा-निर्देशों का मसौदा आइसीएमआर-एनआइएन की निदेशक डॉ. हेमलता आर के नेतृत्व में विशेषज्ञों की एक समिति द्वारा तैयार किया गया है और यह कई वैज्ञानिक समीक्षाओं से गुज़रा है। इसमें 17 दिशा-निर्देश हैं।

स्वस्थ्य आहार से हृदय रोग का ख़तरा कम : आवश्यक पोषक तत्त्वों का कम सेवन चयापचय (मेटाबॉलिज़्म) प्रक्रिया को बाधित कर सकता है और कम उम्र से ही इंसुलिन प्रतिरोध तथा सम्बन्धित विकारों का ख़तरा बढ़ा सकता है। इसमें कहा गया है कि स्वस्थ्य आहार और शारीरिक गतिविधि से कोरोनरी हृदय रोग (सीएचडी) तथा उच्च रक्तचाप (एचटीएन) का ख़तरा काफी हद तक

कम हो सकता है और टाइप 2 मधुमेह को 80 प्रतिशत तक रोका जा सकता है। शर्करा और वसा से युक्त अत्यधिक प्रसंस्कृत खाद्य पदार्थों के सेवन में वृद्धि, कम शारीरिक गतिविधि और विविध खाद्य पदार्थों तक सीमित पहुँच के चलते सूक्ष्म पोषक तत्त्वों की कमी और मोटापे की समस्या बढ़ जाती है।

कुछ सब्जियों को न खाएँ कच्चा

कहा जाता है कि खाने में सब्जियाँ को ज़्यादा नहीं पकाना चाहिए, नहीं तो इनका पोषक तत्त्व ख़त्म हो जाता है। बात सही है, लेकिन कुछ सब्जियाँ ऐसी हैं जिन्हें पकाकर खाना ही सुरक्षित है। इनमें बहुत-से बैक्टीरिया होते हैं, जो आँतों, खून और मस्तिष्क में प्रवेश कर सकते हैं, साथ ही कई प्रकार की गंभीर बीमारियाँ भी हो सकती हैं। यह कहना है डॉ. संदीप भटनागर एवं भूषण भोले का कहना है कि जैसे बैंगन, पत्तागोभी, अरबी के पत्ते, पालक, केले के पत्ते हों।

इनका कच्चा सेवन ख़तरनाक हो सकता है, क्योंकि इसमें कई प्रकार के कीटाणु पाए जाते हैं, जो अच्छी तरह साफ करने के बाद भी ख़त्म नहीं होते। इसलिए चाहे अरबी के पत्ते हों, पालक हो, केले के पत्ते हो या फिर साग, इन्हें हमेशा गुनगुने पानी से धोकर और पकाकर ही खाना चाहिए।

समय-समय पर उपवास करें

उपवास एक महत्त्वपूर्ण और सबसे सस्ता प्राकृतिक इलाज है। शरीर के दूषित या जहरीले खाद्य पदार्थों के बोझ से मुक्त करने का यह सीधा प्रभावकारी और तेज़ उपाय है। आपको यह जानकर आश्चर्य होगा कि मनुष्य शरीर को स्वस्थ्य रखने के लिए बहुत कम भोजन की आवश्यकता होती है। अधिकांश व्यक्ति अधिक मात्रा में भोजन करते हैं और फिर भी वे यह मानते हैं कि बहुत सामान्य मात्रा में भोजन करते हैं। कई दिनों तक खाना न खाने वाले लोग भी नहीं मरते, जबकि वे लोग जल्दी मरते हैं जो बगैर भूख के दिन भर अण्ट-शण्ट खाते रहते हैं, क्योंकि अत्यधिक खाने से कई प्रकार की बीमारियाँ होती हैं। उपवास और भूखमरी को एक समझने की गलती नहीं करना चाहिए। उपवास

सकारात्मक है, हितकारी है, जबकि भूखमरी नकारात्मक है, विनाशकारी है। उपवास के माध्यम से पेट, आँतें, गुर्दा, फेफड़े, अमाशय आदि सभी महत्त्वपूर्ण अवयवों को आराम मिलता है यानी उपवास शरीर की सफाई का एक कारगर साधन है। समय-समय पर उपवास करना शरीर को स्वस्थ्य रखने के लिए अतिआवश्यक है।

खाने के बारे में बटुक भिक्खु का कथन है -

"अन्न खाया ही नहीं जाता खाता भी है। संयमी मनुष्य अन्न को खाता है, असंयमी मनुष्य को अन्न खाता है।"

मोटापे से बचाती है दालचीनी

अन्तरराष्ट्रीय जर्नल 'लिपिड्स इन हैल्थ एण्ड डिसीज' में प्रकाशित एक शोध रिपोर्ट के अनुसार दालचीनी का नियमित सेवन किया जाए तो यह सेहत के लिए बहुत फायदेमंद होती है।

भारतीय लोगों पर किए गए अध्ययन में पाया गया कि प्रतिदिन 3 ग्राम दालचीनी पावडर का सेवन करने से मेटाबॉलिक डिसआर्डर एवं मोटापे की समस्या से राहत मिल सकती है।

मुनक्का औषधीय गुणों से भरपूर

आयुर्वेद के अनुसार मुनक्का कई गुणों से भरपूर हैं। हमें रोज़ 4-5 मुनक्का खाने की आदत डालना चाहिए। मुनक्का सर्दी-जुकाम, खाँसी और कफ दूर करने की सबसे अच्छी दवा माना जाता है। इसके आलावा भी मुनक्के के कई फ़ायदें हैं। इसमें मौजूद न्यूट्रिएंट्स कई बीमारियों के इलाज में सहायता करता है। कब्ज दूर करने में भी मुनक्का बहुत असरदार होता है।

अंकुरित दालें

अंकुरित दालें पोषक तत्त्वों से भरपूर होती हैं। इनमें प्रचुर मात्रा में प्रोटीन पाया जाता है। यह सेहत के लिए बहुत फायदेमंद होती हैं। स्प्राउट्स कई तरह की बीमारियों से भी बचाता है। स्प्राउट्स में विटामीन ए, विटामीन सी, विटामीन

बी-1, विटामीन बी 6 और विटामीन के पाया जाता है, साथ ही इसमें आयरन, पोटेशियम, कैल्शियम, मैग्नीशियम, फॉस्फोरस, मैगनीज भी प्रचुर मात्रा में मौजूद रहता है। इसमें फाइबर, फोलेट और ओमेगा-3 फैटी एसिड भी पाया जाता है, ये पोषक तत्त्व अंकुरित बीज और अनाज में ज़्यादा पाए जाते हैं।

चीकू खाएँ

अगर आपको मीठे फलों का स्वाद पसंद है तो चीकू को अपने रोज़ाना के खानपान में प्रमुखता से शमिल करें, क्योंकि यह आपकी सेहत के लिए कई तरह से फायदेमंद साबित होता है। ब्रिटेन स्थित लिवरपुल यूनिवर्सिटी के वैज्ञानिकों द्वारा किए गए एक अध्ययन में विटामिन सी, एंटीऑक्साईट तत्त्वों और फाइबर से भरपूर चीकू को पेट, फेफड़े व मुँह के कैंसर से बचाव में खासा असरदार बताया गया है। आँखों की रोशनी बढ़ाने, पाचन तंत्र को दुरूस्त रखने, हड्डियों और माँसपेशियों को मज़बूत बनाने तथा किडनी सम्बन्धी बीमारियों का ख़तरा कम करने में भी चीकू काफी कारगर है।

मसालेदार करी

मसालेदार करी न केवल ज़ायकेदार होती है, बल्कि एक शोध के मुताबिक यह दिल को भी स्वस्थ्य रख सकती है। शोधकर्ताओं ने पाया कि मसालेदार करी में इस्तेमाल होने वाली कालीमिर्च कोलेस्ट्राल के स्तर को कम करती है और रक्त वाहिकाओं के लिए फायदेमंद है। यहाँ तक कि मिर्च को तीखापन देने वाला पदार्थ कैपस्किम दिल की बीमारियों को दूर रखने और शरीर को स्वस्थ्य रखने में मदद करता है।

बादाम खाएँ

अच्छे स्वास्थ्य के लिए हमें रोज़ बादाम खाने की सलाह दी जाती है। इसका प्रमुख कारण यह है कि बादाम में हमारे शरीर के लिए आवश्यक विटामिन और मिनरल जैसे विटामीन ई, जिंक, कैल्शियम, मैग्नीशियम और ओमेगा-3, फैटी एसिड से भरपूर है। बादाम भिगोकर खाना चाहिए।

ब्लू बेरीज और अंगूर का सेवन

'ब्रिटिश मेडिकल जर्नल' में प्रकाशित अध्ययन के अनुसार सेब, ब्लू बेरीज और अंगूर खाने वाले लोगों में टाइप-2 डायबिटीज का ख़तरा 23 फीसदी कम हो जाता है। महीने में एक बार फल खाने वालों के साथ हफ़्ते में दो बार फल खाने वालों के तुलनात्मक अध्ययन में यह नतीजा सामने आया। रोज़ फलों का ज्यूस पीने वालों में मेटाबॉलिक डिसऑर्डर की समस्या की आशंका फल खाने वालों की तुलना में 21 फीसदी ज़्यादा पाई गई।

हार्ट अटैक से बचने के लिए काले अंगूर का रस एस्प्रिन की गोली के समान कारगर है। काले अंगूर रस में फूली नामक तत्त्व होता है जो खून के थक्के बनने से रोकता है। शोधों में भी यह साबित हो चुका है कि अंगूर हृदय के लिए अत्यधिक लाभदायक होता है।

कम खाएँ नमक

आपको उच्च रक्तचाप की शिकायत है, तो ज़्यादा सोडियम का सेवन बहुत नुकसानदेह साबित हो सकता है। ऐसी स्थिति में नमक का सेवन कम करें। सलाद, दही, फल आदि में नमक न डालें। प्रिजर्वेटिव खाद्य, ब्रेड-रोल्स जैसी चीज़ों से तौबा करें। इनमें अत्यधिक सोडियम रहता है। इसके अलावा रोज़ एक केला खाएँ। इसमें मौजूद पोटेशियम आपके शरीर का सोडियम स्तर कम रखने में सहायक होगा।

नमक काला हो या सफेद नुकसान बराबर, घी से बेहतर तेल

देश में आधी से ज़्यादा बीमारियों की वजह अनहेल्दी डाइट है। इंडियन काउंसिल ऑफ मेडिकल रिसर्च (आईसीएमआर) की स्टडी में सामने आया है कि अल्ट्रा-प्रासेस्ड फूड के इस्तेमाल के कारण बीमारी का बोझ तेजी से बढ़ रहा है। देश में 56.4 प्रतिशत बीमारियाँ ऐसा ही फूड खाने से हो रही है। आईसीएमआर के अनुसार नमक चाहे काला हो, सफेद हो या सेंधा। ज़्यादा इस्तेमाल बराबर का नुकसान देता है। रिपोर्ट यह भी बताती है कि घी से बेहतर

तेल का सेवन होता है। घी, पाम ऑयल और नारियल तेल में सैचुरेटेड फैटी एसिड सबसे ज़्यादा होते हैं। वहीं सरसों के तेल में सबसे कम पाए जाते हैं। भारतीय थाली में तीन तरह का फैटी एसिड व सैचुरेटेड फैट होता है। इस कारण दिल से जुड़ी बीमारी और स्ट्रोक का ख़तरा बढ़ रहा है। इसलिए इसे तत्काल कम करना चाहिए।

स्वास्थ्य के लिए ओम (ॐ)

विज्ञान भी (ॐ) ओम का महत्त्व स्वीकार करता है। यह बहुत शक्तिशाली ध्वनि है, जो शरीर और मन, दोनों पर सकारात्मक प्रभाव डालती है। प्रो. जे. मोर्गन ने शोध में देखा कि ओम के उच्चारण के दौरान पेट, सीने और मस्तिष्क में कम्पन होते हैं, जो मृत कोशिकाओं में जान फूँकते हैं, जीवित को पुनर्जाग्रत करते हैं और नई कोशिकाओं के निर्माण का मार्ग प्रशस्त करते हैं। नियमित जाप से कैंसर जैसे असाध्य रोगों में भी फायदा देखा गया। कोलम्बिया प्रेसबाइटेरियन हार्ट इंस्टीट्यूट में मरीजों को ऑपरेशन से पहले ओम का जाप करते हुए ध्यान लगाने की सलाह दी जाती है। ख़ास बात यह है कि ओम के लाभ प्राप्त करने के लिए धार्मिक या आस्थावान होना आवश्यक नहीं है। सिर्फ उच्चारण भी लाभकारी है।

अच्छी नींद अच्छा स्वास्थ्य

कई लोग अनिद्रा रोग से पीड़ित होते हैं। अनिद्रा का अर्थ ही है नींद का न आना। असल बात यह है कि अच्छी नींद आपके अच्छे स्वास्थ्य को बताती है। उत्तम स्वास्थ्य और नींद दोनों आपस में गहरे जुड़े हैं। नींद की गुणवत्ता आपके शारीरिक स्वास्थ्य और मानसिक शांति के लिए किसी टॉनिक की तरह काम करती है। यह आपके पूरे शरीर को तरोताज़ा रखती है और आपके मस्तिष्क में चल रही उथल-पुथल को शांत करती है। यह थकान को ख़त्म करती है और आपमें उत्साह भी पैदा करती है।

ढंग से सोने के बारे में कवि मदनमोहन बाहेती 'छोटू' के पद्य की निम्न पंक्तियां बड़ी सारगर्भित है -

बहुत हो गया सोना सोना, सीख ले अब तू ठीक से सोना।
बहुत व्यस्त है तेरा जीवन, तू हरदम रहता परेशान है।
तेरी सारी बीमारी का ढंग से सोना ही निदान है।।
अगर चैन से नींद आएगी, तुझको बड़ा सुकून मिलेगा।
सुबह उठेगा खुद को हल्का और ताज़ा महसूस करे।
तेरा अगला पूरा दिन ही रंग, उमंग से भर जाए।
नया सेवरा, तेरे जीवन में खुशियाँ भर कर लायेगा।
मनचाही भरपूर नींद लें, बंद कर रोज़-रोज़ का रोना,
बहुत हो गया सोना सोना, सीख ले अब तू ढ़ंग से सोना।

अनिद्रा से बचने के लिए लोग गोली-दवाई लेना शुरू करते हैं, लेकिन वे कभी जड़ का इलाज नहीं करते। अगर समस्या को ख़त्म करना है तो हमें नींद की गुणवत्ता की ओर ध्यान देना होगा। योग निद्रा किसी भी तरह के तनाव से मुक्ति का सबसे प्रभावी तरीका है। यह हमारी एकाग्रता, याददाश्त और शक्ति को भी बढ़ाती है। अगर अनिद्रा की स्थिति से बचना है तो जीवनशैली में कुछ बदलाव लाने ही होंगे। रोज सुबह ताज़ी हवा में निकल पड़ें। योगासन और प्राणायाम अपनाएँ। सादा भोजन करें। समय पर सोएँ और समय पर जागें। इसके अलावा कुछ और भी तरीके हैं-रात्रि का भोजन हमेशा हल्का करें। सोने से 3 घंटे पहले अपना भोजन कर लें। इसके अलावा सोने से पहले सहज होने का प्रयास करें। चीज़ों के बारे में ज़्यादा सोचना बंद कर दें। इस तरह आप खुद को तनाव से मुक्ति दिला पाएँगे। यह याद रखिए कि जीवन पर्यन्त जी भर जीने के लिए अच्छी नींद की ओर बढ़ना ही होगा।

पेड़-पौधों से दोस्ती पक्की करें

आपको पेड़-पौधों के साथ अपनी दोस्ती को मज़बूत बनाए रखना चाहिए। बागवानी से न केवल आपके घर की खूबसूरती बढ़ती है, बल्कि यह ब्लड

शुगर, ब्लडप्रेशर और कोलेस्ट्रॉल के स्तर को भी नियंत्रित रखती है। 1500 से अधिक लोगों की सेहत पर बागवानी का असर आँकने के बाद सियोल स्थित कोकुक और होंगिक यूनिवर्सिटी के शोधकर्ता इस निष्कर्ष पर पहुँचे। उनके अनुसार 45 मिनट की बागवानी से 30मिनट के एरोबिक एक्सरसाइज जितनी कैलोरी ख़र्च होती है। इसे ब्लड शुगर और कोलेस्ट्रॉल का स्तर घटाने, तनाव पर काबू पाने, अनिद्रा दूर करने और ब्लडप्रेशर नियंत्रित रखने में भी मददगार पाया गया। इसके अलावा पेड़-पौधों के सम्पर्क में रहने पर मस्तिष्क से ऑक्सीटोन नामक हॉर्मोन का स्राव बढ़ जाता है, जो तनाव के स्तर को कम करता है। पेड़-पौधों की वजह से वातावरण में ऑक्सीजन का स्तर सही बना रहता है तो फिर देर किस बात की आज ही से पेड़-पौधों से अपनी दोस्ती पक्की कर लें।

जल्दी उठो ज्यादा जियो

नवीन शोध ने लम्बे समय से व्याप्त उपरोक्त धारणा की पुष्टि कर दी है कि सुबह जल्दी जागने तथा रात्रि को जल्दी सोने वाले लोग देर से सोने वाले तथा देर से उठने वाले लोगों की तुलना में अधिक स्वस्थ्य रहते हैं।

वेंडरकैम का कथन है कि -

“सुबह का समय इसलिए उपयोगी है, क्योंकि उस समय वे स्वयं तक सीमित रहते हैं। कोई उनके समय की भागीदारी करने नहीं आता। एक्सरसाइज के लिए बिस्तर छोड़ना, तनावमुक्त होकर चाय, काफी का लुत्फ़ देने के बाद आप अधिक समय दिए बिना बहुत कुछ प्राप्त कर सकते हैं। अपने दिन की शुरूआत सूर्योदय के साथ कसरत करने वाले लोग मानसिक और शारीरिक रूप से अधिक चुस्त-दुरूस्त रहते हैं।”

किसी शायर ख़ूब कहा है -

सुबह की नींद इंसान के इरादों को कमज़ोर करती है,
मंज़िल को हासिल करने वाले कभी देर तक सोया नहीं करते,
वो आगे बढ़ते हैं जो सूरज को जगाते हैं,
वो पीछे रह जाते हैं जिन्हें सूरज जगाता है।

अध्ययन से यह भी पता चला है कि सूर्योदय के पूर्व उठने वाले लोग दीर्घायु होते हैं।

व्यायाम करें, युवा बने रहें

शरीर के हर एक कलपुरजे को इतनी मेहनत ज़रूर करनी चाहिए, जिससे वहाँ का रक्त-संचार ठीक बना रहे। किसी मशीन को निकम्मा पड़ा रहने दिया जाए तो उसके कलपुरजों में धूल जमने लगती है, जंग लगना शुरू हो जाता है। शरीर को यदि निकम्मा पड़ा रहने दिया जाए तो उसकी क्रियाशक्ति घट जाती है। इसी प्रकार यदि कोई ख़ास अंग मेहनत से बचे रहें तो उसकी शक्ति में भी कमी आ जाती है। धूल की तरह बीमारियों के विष जमा हो जाते हैं। जंग लगने से लोहा जैसे गलने लगता है, वैसे ही वे अंग क्षीण होने लगते हैं। इसलिए यह आवश्यक है कि हर एक कलपुरजे को दुरूस्त रखने के लिए नित्य व्यायाम किया जाए। जो लोग हाथ-पाँवों की कड़ी मेहनत करते हैं, उन्हें भी पेट, फेफड़े, नेत्र आदि का व्यायाम करना चाहिए। व्यायाम ऐसा होना चाहिए जिससे कम काम करने वाले अवयवों पर भी प्रभाव पड़े। योगासन के व्यायाम इस दृष्टि से बहुत ही उपयोगी हैं। सर्वांगासन, शीर्षासन, हलासन, पश्चिमोत्तानासन और धनुरासन साधारणतः बहुत ही उपयोगी साबित हुए हैं। इसके अतिरिक्त जिन्हें जिस प्रकार के व्यायाम में सुविधा हो, कर सकते हैं। व्यायाम का समय प्रातःकाल सूर्योदय के आस-पास होना चाहिए।

अगर एक संतुष्ट, सम्पूर्ण और जी भर जीवन जीना चाहते हैं तो हमें अपने शरीर को एक मन्दिर के समान पवित्र समझना चाहिए। प्रतिदिन व्यायाम से न केवल आपका स्वास्थ्य सुधरेगा, बल्कि यह आपको स्पष्टता के साथ विचार करने में और सृजनात्मक विशेषता को भी आगे बढ़ाने में मदद करेगा।

शोधकार्यों ने यह सिद्ध कर दिया है कि व्यायाम आपके जीवन में उम्र जोड़कर न केवल दीर्घायु बनाता है, बल्कि आपको युवा बनाए रखता है।

शरीर की सफाई

आपका शरीर साफ रहना चाहिए। नित्य स्वच्छ जल से शरीर को खूब रगड़-रगड़कर स्नान करना आवश्यक है। रोमकूपों से पसीने द्वारा शरीर के भीतरी विष निकलते रहते हैं। पसीना सूखने से उन विषों की एक पतली-सी तह शरीर पर जमने लगती हैं। यह तब कुछ मोटी हो जाती है, तो रोमकूपों का मुँह बंद कर देती है, जिससे भीतरी विषों का बाहर निकलना रूक जाता है। इसलिए यह आवश्यक है कि मोटे खुरदरे तौलिये से शरीर के हर हिस्से को इतना रगड़ा जाए कि त्वचा लाल हो जाए, मैल बिल्कुल छूट जाए, रोमकूप अच्छी तरह खुल जाएँ। जँघाओं के आस-पास के स्थान भी रगड़ने से छूटने न पाएँ। चार लोटा पानी लुढ़काकर नहाने की लकीर पीटना बेकार है, इससे तो जमा हुआ मैल फूलकर सड़न और बदबू बढ़ाता है। शरीर के सभी छिद्र द्वारों से भीतर के गंदे पदार्थ बाहर निकलते रहते हैं, इसलिए उस गंदगी को साफ करने का विशेष रूप से ध्यान रखना उचित है। दाँत पर जो मैल जमता है उसे ब्रश करके भली-भाँति साफ़ करना चाहिए। कान, आँख, मूत्रेंद्रियों के छिद्रों पर जो कीट जमता है उसकी सफाई के बारे में सतर्क रहना चाहिए।

योग को रोज़ 15 मिनट देने से मिला बेहतर स्वास्थ्य - जॉजीना फुलर

योग अब सिर्फ़ किताबों तक सीमित नहीं है, यह एक उद्योग बन चुका है। वर्तमान में यह उद्योग 7 लाख करोड़ रुपये तक पहुँच चुका है। यह साबित करता है कि जीवन जीने की इस पद्धति से लोगों के मानसिक और शारीरिक स्वास्थ्य में क्रांतिकारी बदलाव आए हैं। जॉजीना फुलर कहती हैं- यह बहुत ज़रूरी नहीं है, लेकिन छोटी शुरूआत करना मेरे लिए काम आया।

योग की आदत ने मेरा जीवन ही बदल दिया। हर सुबह सिर्फ 15 मिनट योग करना अब मेरे दिन का मुख्य हिस्सा है। लॉन में घास पर कदम रखते ही मुझमें सकारात्मक बदलाव आने लगते हैं। योग से मुझे बेहतर नींद लेने में मदद मिली है। इससे मेरी पीठ और कंधे के दर्द में भी राहत मिली है।

मैं जागते ही तनाव में आ जाती थी। बच्चों को उठाने से पहले खुद को तैयार करने की जल्दी में रहती थी। कई बार भीड़ में बच्चों को अपनी बात सुनाने के लिए चिल्लाती रहती थी। फिर मैंने अपने लिए कुछ समय निकाला और यह गेमचेंजर साबित हुआ। अब मैं कम चिल्लाने वाली माँ बन गई हूँ।

अमेरिका की स्वास्थ्य विशेषज्ञ मेलिसा बॉयड के हेल्थ टिप्स

हम अक्सर अपनी भागदौड़ भरी ज़िन्दगी में इतने व्यस्त रहते हैं कि शारीरिक गतिविधि को अपने जीवन में शामिल करने में काफी समय लगा देते हैं। शारीरिक गतिविधि की जटिलता और इससे जुड़े मिथक इसे समय पर शुरू न करने के प्रमुख कारण हैं। अमेरिका के सैन फ्रांसिस्को की हेल्थ एक्सपर्ट मेलिसा बॉयड के मुताबिक हम अक्सर कुछ मिनटों के टहलने को ही सब कुछ मान लेते हैं। ये सही नहीं है। हम तीन शारीरिक गतिविधियों को अपनाकर खुद को स्वस्थ्य रख सकते हैं। आइये जानते हैं इन शारीरिक गतिविधियों के बारे में...

योग सबसे बेहतर

स्पोर्ट्स मेडिसिन सर्जन डॉ. कार्ल के अनुसार टहलना ठीक है, लेकिन यह गतिविधि शरीर को पूरी तरह से फिट रखने के लिए पर्याप्त नहीं है। हमें टहलने के अलावा बॉडी स्ट्रेचिंग की भी जरूरत है। योग और पिलेट्स व्यायाम के दो ऐसे प्रकार हैं जिन्हें करके हम शारीरिक गतिविधि की जरूरतों को पूरा कर सकते हैं। यह हमारे दिल के स्वास्थ्य के लिए काफी बेहतर है। कार्ल कहते हैं स्ट्रेचिंग करना आसान है। यह हम उठने या बिस्तर पर जाने से पहले किसी भी समय कर सकते हैं।

कोई एक स्पोर्ट्स खेलें

हमें हर दिन कम से कम एक स्पोर्ट्स की जरूरत है। यह हमारी शारीरिक गतिविधि को पूरा करने के लिए काफी अहम् है। एक्सपर्ट कहते हैं कि यदि हम स्पोर्ट्स के लिए समय नहीं निकाल पाते हैं तो हम रोजाना 20 स्क्वाट कर सकते

हैं। जब-जब पानी लें तब 10 पुश-अप कर सकते हैं। डॉ. कार्ल कहती हैं हम बस इसकी आदत बनाने की जरूरत है। उन्होंने कहा कि हमने इससे बड़े फायदे देखे हैं। हमें ऐसा कोई व्यायाम ढूँढना होगा जो दिलचस्प और आसान हो।

सामाजिक जुड़ाव अहम्

खुद को फिट रखने के लिए शारीरिक गतिविधि के अलावा जो सबसे अहम् है, वह सामाजिक जुड़ाव है। लोगों से मिलकर हम खुद को बेहतर और ज़्यादा ऊर्जावान महसूस करते हैं। बॉयड के मुताबिक हमें हर दिन ऐसे लोगों से मिलना चाहिए जो हमें सकारात्मक ऊर्जा देते हों। उनके अनुसार, शोध में सामने आया है कि जो लोग सामाजिक होते हैं उनमें अवसाद, हाई बीपी, अस्वस्थ बॉडी मास इंडेक्स सहित कई महत्त्वपूर्ण स्वास्थ्य समस्याओं का जोखिम काफी कम होता है।

*

4.

ज़िन्दगी जी भर जीने में 'अर्थ' का महत्त्व

मनुष्य चाहे वीर हो, सुन्दर हो, वाकपटु हो और वह शस्त्र विद्या तथा शास्त्र विद्या दोनों में निपुण हो तो भी इस मानव जगत् में वह धन के बिना न यश प्राप्त कर सकता है और न ही जी भर जी सकता है।

-संत राजर्षि भर्तृहरि के नीतिशतक ग्रन्थ -श्लोक

धन की महत्ता तो मनुष्य जीवन में इतनी अधिक है कि जीवन की पूर्णता के लिए इसे अनिवार्य माना गया है। वैसे भी जन्म से लेकर मृत्यु पर्यन्त तक मनुष्य का एक भी काम ऐसा नहीं जो अर्थ के बिना संपूर्ण हो सके।

पैसा या धन सुख, शक्ति, सुरक्षा, स्वतंत्रता आदि सब कुछ देता है और ऐसा कौन-सा इंसान है जिसे यह चीज़ें नहीं चाहिए। यह है धन की शक्ति जिससे कमजोर भी बलवान बन जाता है और जिसके अभाव में बलवान भी किसी काम का नहीं। इसी के प्रभाव से मूर्ख भी विद्वान् नज़र आता है, निंदनीय भी वंदनीय हो जाता है। इससे समाज में न केवल स्वयं की वरन् परिवार की प्रतिष्ठा भी बढ़ जाती है। किसी व्यक्ति की सफलता भी धन से ही मापी जाती है। यानी जिसके पास जितना धन होगा वह व्यक्ति उतना ही अधिक सफल कहलाता है। इसलिए आज हर आदमी धन या पैसों के पीछे भाग रहा है।

किसी शायर ने ठीक ही कहा है -

धन दौलत ये है आभा तेरी सबको यहाँ हर्षाती है।
सकल जगत् को मोहित कर तू अपने पास बुलाती है
समृद्धि और प्रसिद्ध है तेरी चरणों की दासी,
सब तेरी आशा करते राजा हो या कोई भिखारी।

प्राचीन भारतीय साहित्य में भी धन के महत्त्व का मार्मिक वर्णन किया गया है। निम्न श्लोक में वर्णित है कि धन के अभाव में सर्वगुण सम्पन्न व्यक्ति भी यश व सम्मान प्राप्त नहीं कर सकता।

शुरः सुरूपः सुभागश्य वागमी, शस्त्राणि विदांक रोतु।
अर्थ बिना नैव यशश्य मांन, प्रापनोति मृत्योद्त्र मनुष्य लोके।

अर्थात् चाहे मनुष्य वीर हो, सुन्दर हो, वाकपटु हो और वह शस्त्र विद्या तथा शास्त्र विद्या दोनों में निपुण हो तो भी इस मानव जगत् में वह धन के बिना न यश प्राप्त कर सकता है और न ही सम्मान से जी सकता है।

अजनबी भी रिश्तेदार

ग्रन्थ पंचमंत्र में भी धन के महत्त्व और वर्धन का बहुत अच्छा वर्णन किया गया है। इस ग्रन्थ की पहली कहानी में वर्णित है, ''यदि किसी व्यक्ति के पास अत्यधिक धन हो तब भी उसे और अधिक धन अर्जित करने का सुनियोजित प्रयास करना चाहिए, क्योंकि यह ठीक ही कहा गया है कि दुनिया में ऐसी कोई भी वस्तु नहीं है, जिसे धन द्वारा प्राप्त न किया जा सके। हर बुद्धिमान व्यक्ति को सदैव धन को बढ़ाने का प्रयास करना चाहिए। किसी के पास धन है, तो उसके मित्र भी होंगे, उसके अपने रिश्तेदारों में भी सम्मान बढ़ेगा। इस बेरहम संसार में अजनबी भी रिश्तेदार बन जाते हैं, जबकि गरीब को अपने परिवार में ही तिरस्कृत होना पड़ता है। किसी शायर ने ठीक ही कहा है -

गरीबी में टूट जाते हैं, वो रिश्ते जो ख़ास होते हैं।
अजनबी भी रिश्तेदार बन जाते हैं, जब पैसे पास होते हैं।

धनी व्यक्ति को लोग बहुत गुणवान, ज्ञानी और विद्वान् की संज्ञा देने से भी नहीं चूकते। धन के कारण बूढ़ा धनी भी युवा नज़र आने लगता है और धन के अभाव में नवयुवक भी असमय बूढ़ा नज़र आने लगता है।

लक्ष्मीजी की पूजा स्वागत योग्य

धन कमाने के लिए उचित प्रयास करना प्रशंसनीय है। उपार्जन और उत्पादन के लिए प्रयत्नशील रहने से व्यक्ति और समाज की क्षमता बढ़ती है।

प्रगति का पथ प्रशस्त करने वाले साधनों में एक महत्त्वपूर्ण वस्तु धन भी है। इस धन के उपार्जन का प्रयत्न करने में बुराई नहीं प्रशंसा की बात है। इससे राष्ट्र की आर्थिक क्षमता में वृद्धि होती है और उसमें भौतिक उन्नति की संभावना बढ़ती है। भौतिक उन्नति भी आध्यात्मिक उन्नति में सहायक होती है। निर्धनता मनुष्य की कोमल भावनाओं और मानवोचित आकांक्षाओं को कुण्ठित ही करती रहती है। इसलिए निर्धनता को हमेशा हेय ठहराया गया है। धन को लक्ष्मी मानकर उसकी पूजा करने की प्रथा से यह स्पष्ट है कि वह स्वागत योग्य है।

धन की विषयक शक्ति सर्वविदित है। इसलिए गृही विरक्त सभी धन की प्राप्ति की आकांक्षा मन में धारण किए रहते हैं और उसके लिए अपने ढंग से प्रयत्न करते रहते हैं। धन पाकर बाल, वृद्ध सभी को प्रसन्न्ता होती है। यह उचित भी है, क्योंकि सभी श्रेणी के व्यक्ति अपनी-अपनी सुख-सुविधा के साधन धन द्वारा ही प्राप्त कर जी भर जी सकते हैं।

आध्यात्मिक जीवन में धन का महत्त्व

कुछ लोगों की ऐसी मान्यता है कि धार्मिक व्यक्ति की धन से विरक्ति होना चाहिए, मान्यता सही नहीं है। जहाँ तक आध्यात्मिक आनंद की प्राप्ति का प्रश्न है। धन के प्रति लगाव रखना उचित है। गृहस्थी की सुख-सुविधाओं के लिए धार्मिक आयोजनों की पूर्ति के लिए अत्यधिक आवश्यक है। धन के बिना न धर्म संभव है, न कर्तव्य पालन। इस दृष्टि से निर्धनता अभिशाप है। हमारे आध्यात्मिक जीवन में धन का उतना ही महत्त्व है जितना ईश्वर उपासना का। लक्ष्मी को परमात्मा का वामांग मानते हैं, इसलिए उपासन को तब पूर्ण समझना चाहिए, जब लक्ष्मीनारायण दोनों की प्रतिष्ठा हो। जहाँ लक्ष्मी नहीं है, वहाँ परमात्मा भी बेचैन रहता है। लक्ष्मी रहती है तो परमात्मा की प्राप्ति में सुविधा मिलती है।

कहा जाता है -

भूखे भजन होय न गुपाला, ये रही तेरी कण्ठी, माला।

धन की चाहत या ज़रूरत ?

संतोषी जीवन का परित्याग कर आज के आदमी में ज़रूरत से ज़्यादा धन,

दौलत और सुविधाओं को इकट्ठा करने की चाहत बन गई है। उसका लालच उसे चैन से बैठने नहीं देता। आदमी के दिमाग में हर घड़ी धन कमाने और कमाकर मौज-मस्ती करने की बात घूमती रहती है। व्यक्ति के लिए पैसा ही भगवान बन गया है और किसी भी तरह उसे जोड़ना उसकी पूजा बन गई है।

धन वैभव की चाह जितनी पूरी होती है उतनी ही बढ़ती जाती है। लखपति से करोड़पति, करोड़पति से अरबपति, अरबपति से खरबपति, खरबपति से शंखपति, शंखपति से पद्मपती बनना चाहता है। इंसान ईमानदारी से एक सीमा तक ही पैसा कमा सकता है, लेकिन जब इच्छा इन्द्र कुबेर की तरह ढेरों धन वैभव पाने की हो तो एक ही मार्ग बाकी बचता है वह है बेईमानी, भ्रष्टाचार, ठगी, छल और अनीति का और यह मार्ग व्यक्ति को नरक की ओर ले जाता है।

धन की चाहता या तृष्णा

तृष्णा बेपेंदी की बाल्टी है। इसे कुँए में डालो खड़खड़ाओ और खींचो तो भी खाली की खाली। ऐसा नहीं है कि कुँए में पानी नहीं पानी है। वह आपकी बाल्टी भर देगा पर चूँकि बाल्टी बेपेंदा है, इसलिए वह नहीं भरेगी। लोग ज़िन्दगी भर कुँओं को बदलते हैं। कभी इस कुँए पर जाते हैं, तो कभी उस कुँए पर और जब बाल्टी नहीं भरती तो कुँओं को दोष देते हैं। तृष्णारूपी बेपेंदा बाल्टी में संतोषरूपी पैंदा लगा दो, आपकी बाल्टी भर जायेगी।

इस पृथ्वी पर जितनी भी धन-सम्पत्ति, यश कीर्ति आदि है, समस्त एक तृष्णाग्रस्त व्यक्ति को मिल जाए, तो भी वह संतुष्ट नहीं होगा। जैसे मृग का सींग मृग के बढ़ने के साथ ही बढ़ता जाता है, उसी प्रकार तृष्णा बढ़ती जाती है। इसकी कोई सीमा नहीं है। एक कामना पूर्ण होती है तो दूसरी उत्पन्न हो जाती है। यह तीर की तरह एक के बाद एक मनुष्य के मन पर चोट कर उसे तनावग्रस्त बनाए रखती है।

कबीरदासजी ठीक ही कह गए-

माया मरी न मन मरा, मर मर गए शरीर।
आशा तृष्णा न मरी, कह गए दास कबीर।।

कितना धन ज़रूरी है?

आत्मसम्मान की मनुष्य के जीवन में बड़ी महत्त्वपूर्ण भूमिका है। मनुष्य एक सामाजिक प्राणी है। वह समाज और परिवार में सम्मान से जीना चाहता है। आत्मसम्मान की यह कामना मानव मन की मूलभूत कामनाओं में से एक है। यह भी निर्विवाद तथ्य है कि सम्मान के साथ जीवन जीने के लिए व्यक्ति के पास आय का पर्याप्त स्रोत हो, ताकि वह स्वयं एवं उसका परिवार ठीक तरह से अपना जीवन यापन कर सके। उसे किसी के सामने हाथ पसारने की आवश्यकता न पड़े।

एक व्यक्ति को अपने परिवार को ठीक-ठाक ढंग से जीने के लिए निम्नानुसार साधनों की पूर्ति ज़रूरी है -

निवास के लिए स्वयं या किराये का सुविधाजनक मकान, स्वास्थ्यवर्धक खान-पान की व्यवस्था, बच्चों के पालन-पोषण और शिक्षण पर होने वाले व्यय की पूर्ति, बीमारी आने पर उसके इलाज पर होने वाला ख़र्च, बच्चों के विवाह में आने वाला व्यय, सामाजिक रीति-रिवाज पर होने वाले ख़र्च की व्यवस्था के साथ ही आकस्मिक ख़र्चों के लिए पर्याप्त बचत।

अब प्रश्न यह उपस्थित होता है कि व्यक्ति को उपयुक्त ख़र्चों की पूर्ति के लिए कितनी धनराशि होना ज़रूरी है? यह एक बड़ा सवाल है। दरअसल में इसका कोई पैमाना या मीटर नहीं है जो इसे ठीक से माप सके। यह बहुत कुछ व्यक्ति, समय और परिस्थितियों पर निर्भर करता है। यह व्यक्ति सापेक्ष भी है, हर व्यक्ति का रहन-सहन का तरीका और सोच अलग-अलग होती है। यह नहीं बताया जा सकता कि कितनी धनराशि होना ज़रूरी है, लेकिन सम्मानपूर्वक जी भर जीवन जीने तथा निर्धनता की जंजीर से मुक्त रहना बहुत ही जरूरी है।

भारत का हर व्यक्ति मुकेश अंबानी, गौतम अडाणी, रतन टाटा या लक्ष्मी मित्तल जैसा अमीर नहीं बन सकता, लेकिन यह बात भी निर्विवाद है कि देश का हर व्यक्ति कम से कम इतना धन तो अर्जित कर ही सकता है कि वह निर्धनता के चंगुल से मुक्ति पा सम्मानपूर्वक जीवन जी सके।

*

5.

ज़िन्दगी बनावटी, फिर कैसे जिएँ जी भर

हर आदमी में होते हैं दस-बीस आदमी,
जिसको भी देखना हो कई बार देखना। - *प्रसिद्ध शायर बशीर बद्र*

आज आदमी अपने को दूसरों से बड़ा साबित करने में लगा हुआ है, दूसरों पर अपनी छाप छोड़ना और ऐसा दिखावा करना चाहता है ताकि दूसरों पर अपना रौब जमा सके। अहंकार के वश में आदमी दूसरों को घटिया मानता है और अपना बड़प्पन-महानता को सिद्ध करने पर उतारू रहता है। इसके लिए हर तरीके अपनाता है। कदम-कदम पर तरह-तरह के नाटक-नौटंकियाँ करता है। चकाचौंध पैदा करने के लिए स्वांग और पाखण्ड खड़े करता है। यह मायाजाल ऐसा है कि इससे निकलना तो दूर इसको समझ पाना तक कठिन हो जाता है। पता ही नहीं चलता कि कब इसने पूरे व्यक्तित्व को ढँक लिया। इसी में उलझे साधु-महात्मा लोग तक अपनी महानता, साधना और सिद्धी का ढिंढोरा पीटते रहते हैं और भोले-भावुक पुरुष और स्त्रियों को अपने मायाजाल में फँसाकर अपना उल्लू सीधा करते रहते हैं।

मानव आधुनिकता की चकाचौंध से अँधा हुआ बनावटी जीवन जी रहा है और भ्रम पाल रखा है कि वह जी भर अच्छा जीवन जी रहा है। इस प्रकार वह बनावटीपन से न केवल दुनिया को, अपितु अपने आपको भी धोखा दे रहा है, जो है उससे अलग दिखने की चेष्टा में वह अपनी पहचान खोता जा रहा है।

आज आदमी पल-पल पर अपनी बात बदल देता है। अभी कुछ कहता है और अगले पल और कुछ कहने लगता है। "हाथी के दाँत दिखाने के और खाने के और" वाली कहावत तो हम अच्छी तरह जानते हैं, लेकिन यहाँ तो कई तरह

के दाँत नज़र आते हैं। किसके सामने और किस तरह के दाँत दिखाना है, यह आज का व्यक्ति अच्छी तरह समझ चुका है। तरह-तरह के मुखौटे लगाने वाले इस व्यक्ति को समझना बड़ा कठिन कार्य हो गया है। क़दम-क़दम पर व्यक्ति की ऐसी स्थिति देखकर एक गिरगिट ने सुसाइड नोट में लिखा- "मैं आजकल रंग बदलने में लोगों का मुकाबला नहीं कर पा रहा हूँ। रंगों में इतने रंग कहाँ, जितने रंग बदलते हैं आज के इंसान।"

धर्म का मुखौटा

आजकल धर्म और पूजा-पाठ, कथा और कर्मकाण्ड के प्रति बढ़ता रूझान, मन्दिरों में दर्शनार्थियों की बढ़ती भीड़, धार्मिक प्रवचन सुनने उमड़ती जनता, प्रसाद के नाम से मन्दिरों में होने वाले विशाल भण्डारे, क्या ये सब हृदय में उपजी किसी श्रद्धा का भक्ति भावना का प्रकटीकरण है? वास्तविकता तो यह है कि इसमें श्रद्धा या भक्ति भावना का अंश तो लेशमात्र, डर, दिखावा और अपने आपको धार्मिक और पवित्र साबित करने का मुखौटा ज़्यादा है। किसी ने क्या खूब कहा है -

पहन मुखौटा धर्म का करते दिन भर पाप।
भण्डारा करते फिरे बैठा घर में भूखा बाप।।

मुखौटा - ज़िन्दगी की हक़ीक़त

एक फोटोग्राफर ने नई-नई दुकान खोली और उसने दुकान के बाहर बोर्ड लगाया -

1. 20 रुपये में जैसे आप हैं वैसा फोटो खिंचवाए।
2. 30 रुपये में आप जैसा सोचते हैं वैसा फोटो खिंचवाए।
3. 45 रुपये में आप जैसा चेहरा लोगों को दिखाना चाहते हैं वैसा फोटो खिंचवाए।

उस फोटोग्राफर ने बाद में अपने संस्मरण में लिखा है कि - मैंने जीवन भर फोटो खींचे, लेकिन किसी ने भी 20 रुपये वाला फोटो नहीं खिंचवाया। सभी ने 45 रुपये वाले वाले ही फोटो खिंचवाए। कुछ ये हक़ीक़त है ज़िन्दगी की।

किसी शायर का कहना है -

विश्वास नहीं किसी पर दिल का यह कहना है।
हर चीज़ यहाँ बेमानी, हर चेहरा झूठा है।

शान-शौकत का मुखौटा - एक सत्य घटना

एक धनाढ्य सेठ था, समाज में उसकी बड़ी प्रतिष्ठा थी। उनके परिवार का प्रत्येक सदस्य बड़े शान-शौकत की ज़िन्दगी बिताता था। सेठजी के यहाँ आये दिन कोई न कोई आयोजन होता ही रहता था। हर आयोजन को भव्य बनाने के लिये भारी धन राशि व्यय की जाती थी। ऐसे मौक़ो पर बड़े-बड़े लोग आमंत्रित किये जाते थे। उनकी खूब आवभगत होती थी। जिसे भी सेठजी का निमंत्रण मिलता, वह स्वयं को बहुत सम्मानित अनुभव करता था।

एक बार की बात है सेठजी ने अपने तीसरे पुत्र के विवाह के अवसर पर एक भव्य भोज का आयोजन किया। विवाह की धूमधाम तो ऐसी हुई कि जिसने देखा, बस देखता ही रह गया।

विशिष्ट लोगों को निमंत्रण-पत्र देने के लिए सेठजी अपनी क़ीमती कार में बैठ स्वयं भाग-दौड़ कर रहे थे। वे महामना पण्डित मदनमोहन मालवीय के पास भी पहुँचे। मालवीयजी उस समय अपने कक्ष में काशी हिन्दू विश्वविद्यालय के कुछ वरिष्ठ प्रोफेसरों के साथ विचार-विमर्श कर रहे थे। सेठजी को अचानक अपने सामने देखकर, उन्होंने उठकर उनका स्वागत किया। वहाँ बैठे हुए प्राध्यापक दूसरे कक्ष में चले गये।

सेठजी ने बैठते ही निमंत्रण-पत्र मालवीयजी के सामने बढ़ा दिया। मालवीयजी ने उसे पढ़ा और बोले- "यह आपकी कृपा है, जो मुझ अकिंचन के पास आप निमंत्रण-पत्र देने पधारे, किन्तु क्षमा करें, मैं आपके यहाँ प्रीतिभोज में सम्मिलित नहीं हो पाऊँगा।"

सेठजी यह अप्रत्याशित उत्तर सुनकर स्तब्ध रह गये। आज तक किसी ने उनका आग्रह इस तरह नहीं ठुकराया था। उन्होंने पूछा- "क्या बात है पण्डित जी, मुझसे कौन-सी भूल हो गई जिससे आप रूष्ट हो गये?"

मालवीयजी बोले- ...मैं रूष्ट नहीं, दुःखी हूँ। आप दिखावे के लिए जिस

तरह अपना धन पानी की तरह बहाते हैं, वह मुझे अच्छा नहीं लगता। आप ऐसा क्यों करते हैं?"

सेठजी ने कहा- "भगवान ने मुझे दिया है, इसीलिये दिल खोलकर ख़र्च भी करता हूँ। इस बहाने मुझे आप जैसे विभूतियों को अपने घर बुलाने और आदर-सत्कार का सौभाग्य मिल जाता है।"

मालवीयजी गम्भीर हो गये, बोले- "सेठजी क्या भोज और फ़िजूलख़र्ची से ही यश और सम्मान मिलता है? आपकी यह धारणा ग़लत है। हमारा देश गरीब है। यहाँ हज़ारों लोग ऐसे हैं जो भूखे रहकर आधा पेट खाकर दिन काट रहे हैं। यहाँ बड़े-बड़े भोज इन नंगे-भूखों लोगों का मज़ाक उड़ाते हैं, उनकी पीड़ा को दुगुनी करते हैं। आप ही सोचिये, जब मेरे दिमाग में भूख से बिलबिलाते लोगों की तस्वीर हर समय बनी रहती है, तो आपके भोज में परोसे जाने वाले स्वादिष्ट पकवान मेरे गले के नीचे भला कैसे उतर सकते हैं? यदि आप इस भोज के ख़र्च से गरीबों को भोजन कराते, तो मैं उनकी पाँत में बैठकर भरपेट खाता और सन्तुष्ट होता।"

सेठजी ने सिर झुका लिया। कुछ क्षणों तक मौन रहने के बाद जब उन्होंने अपनी गर्दन ऊपर उठाई तो उनकी आँखों में आँसू थे। वे बोले- "पण्डितजी! आज आपने इंसानियत का पाठ पढ़ाकर मेरी आँखें खोल दीं। मैं आपकी कही हुई बातें कभी नहीं भूलूँगा। भविष्य में मेरा भोज दरिद्रनारायण का ही भोज होगा और परमार्थ ही मेरे शेष जीवन का लक्ष्य रहेगा।"

कपड़ों का दिखावा- खाओ मेरे कपड़े खाओ

एक बार जॉर्ज बर्नार्ड शॉ को एक महिला ने रात्रि भोजन पर निमंत्रित किया। काफी व्यस्त होने के बाजवूद उन्होंने स्वीकार कर लिया। जिस दिन का निमंत्रण था, उस दिन शॉ हक़ीक़त में बहुत व्यस्त थे। काम पूरा कर वे जल्दी से उस महिला के घर पहुँचे। उन्हें देखते ही उस महिला की आँखें ख़ुशी से चमक उठी, किन्तु अगले ही क्षण उसके चेहरे पर निराशा के भाव उभर आए।

हुआ यह कि शॉ अत्यन्त मामूली कपड़े पहने हुए थे। कारण पता चलने पर शॉ ने कहा कि देर हो जाने के कारण उन्हें कपड़े बदलने का समय नहीं मिल

सका, किन्तु वह फिर भी न मानी। उसने कहा- "आप कार में बैठकर जाइए और अच्छी पोषाक पहनकर आइये।"

"ठीक है, मैं अभी आया" - यह कहकर शॉ घर चले गए। जब लौटकर आए तो उन्होंने बहुत कीमती कपड़े पहने हुए थे।

थोड़ी देर बाद अचानक सबने देखा कि जॉर्ज शॉ आइस्क्रीम तथा अन्य खाने की चीज़ों को कपड़ों पर पोत रहे हैं, साथ ही बोल रहे हैं- "खाओ, मेरे कपड़ों, खाओ। निमंत्रण तुम्हीं को मिला है, तुम ही खाओ।"

"यह आप क्या कर रहे हैं ?" - सब बोल पड़े।

शॉ ने कहा- "मैं वही कर रहा हूँ दोस्तों जो मुझे करना चाहिए। यहाँ निमंत्रण मुझे नहीं मरे कपड़ों को मिला है। इसलिये आज का खाना मेरे कपड़े ही खायेंगे।" उनके यह कहते ही पार्टी में सन्नाटा छा गया। निमंत्रण देने वाली महिला की शर्मिन्दगी की सीमा न रही। वह समझ चुकी थी कि व्यक्ति का मूल्यांकन उसकी प्रतिभा, सादगी और इंसानियत से होता है, कपड़ों से नहीं।

किसी ने क्या खूब कहा है -

मुद्दत हो गई मुझे कोई शख़्स तो ऐसा मिले,
बाहर से जो दिखता हो अन्दर भी वैसा मिले।

भिखारी की सोशल और प्रोफेशनल लाईफ

एक भिखारी सड़क के किनारे भीख माँग रहा था। वहाँ से गुजरते एक सज्जन ने कहा क्यों भाई! कल तो मैंने देखा था कि तुम सामने वाले नुक्कड़ पर लॉटरी के टिकट खरीद रहे थे और आज अंधे होने का नाटक कर भीख माँग रहे हो? भिखारी ने कहा- साहब! वो मेरी सोशल लाइफ थी और यह मेरी प्रोफेशनल लाइफ है। मुनि तरुणसागर जी का कहना है कि जब तक दो तरह की ज़िन्दगी रहेगी तक तक आप सुखी नहीं हो सकते। दो चेहरे की ज़िन्दगी ही विसंगतियों का कारण है।

किसी ने ठीक ही कहा है -

दिलों में खोट है, जुबाँ से प्यार करते हैं।
बहुत से लोग दुनिया में बस यही व्यापार करते हैं।।

झूठ का लबादा - दिखावे की चादर

आज अधिकतर लोगों के पास एक से एक अच्छे विचार हैं, किन्तु गिनती के लोग ही उन्हें कार्यरूप में परिणत कर पाते हैं। आज का व्यक्ति बड़ी सरलता से बगैर संकोच के सिद्धान्तों की बड़ी-बड़ी बात कर लेता है पर जब कुछ करने का मौका मिलता है तो वह केवल स्वार्थ की रेलगाड़ी में सफ़र करता दिखाई देता है। ऐसे व्यक्तियों के बारे में संत दादूदयाल बहुत पहले कह चुके हैं -

दादू कथनी और कछु, करनी करै कछु और
जिनसे मेरा जिया जरे जिनके ठीक न ठौर ॥

यही नहीं, आज आदमी झूठ का लबादा और दिखावे की चादर ओढ़कर स्वयं को सर्वोत्तम और सही साबित करने के लिए प्रयत्नशील रहता है। वह इस बनावटीपन को एक नाम देता है 'रिश्ता'। कभी वह सच्चा हमदर्द बन जाता है तो कभी सच्चा दोस्त, कभी बेहद समझदार पति, पिता, शिक्षक या अन्य कोई। ऐसा करके वह अपनी अहमियत, असलियत और शख्सियत सब कुछ खो देता है और अंत में वही बनावटीपन, वह मुखौटा, दुःख, परेशानी का कारण बन जाता है, जबकि सरलता, सहजता, सज्जनता और सादगी कितने सामान्य गुण हैं जो जीवन को सुखमय बनाने और जी भर जीने में महत्त्वपूर्ण योगदान करते हैं।

सुनिए एक बन्दर के उद्गार :-

अच्छा ही है मिली नहीं, जो मनुज की काया,
वरना मुझमें भी होता अपना और पराया।
मैं भी भूल गया होता, ये रिश्तों का अपनापन,
दीवारों में बँट चुका होता जंगल का आँगन।
छल-प्रपंच का कोई मुखौटा अब तक नहीं लगाया,
जैसा भी है रंग रूप, ये वैसी ही प्रतिछाया।

हँसी मुस्कान का मुखौटा

आज का इंसान बस दिखावे के लिए हँसता, मुस्कुराता है अन्यथा हँसी, मुस्कान से तो वह रिश्ता कब का तोड़ चुका है। उसके होठों पर हँसी मुस्कान नज़र आ जाएगी, मगर हृदय में नहीं। अगर आदमी अकेला है, तो उसे अपने

हँसने की कोई वजह नज़र नहीं आती। मगर भीड़ के सामने हँसने की कला उसने खूब सीख ली। इंसान भले ही भीतर से टूट रहा हो मगर वह दूसरे के सामने मुस्कुराकर दिखाना चाहता है कि 'मैं प्रसन्न हूँ' इसे कहते हैं हँसी मुस्कान का मुखौटा। यह जीवन जीना नहीं हुआ, हाँ काटना ज़रूर है। हँसी के मुखौटे से आप दुनिया को तो बेवकूफ बनाते ही हो मगर स्वयं के साथ भी यह छलावा से ज़्यादा कुछ नहीं है। याद रखिए आप जितना सरल व सहज जीवन जीएँगे बदले में उतना ही आप जी भर जी सकेंगे।

न जिएँ दोहरी ज़िन्दगी

आजकल व्यापार में दोहरे बहीखाते रखना तो आम बात हो गई है। इसे लोग होशियारी समझते हैं, बेईमानी नहीं। यह बात व्यवसाय या कारोबार तक ही सीमित रहती तो कोई हर्ज़ नहीं था, लेकिन आज दोहरे मापदण्ड मनुष्य जीवन में भी प्रवेश कर गए है। इस वजह से जीवन इतना उलझ गया है, लोग सीधे सरल नहीं रहे। हम सब डबल स्टेण्डर्ड में जीते हैं। यानी की दोहरे मापदण्ड में। दूसरों के लिए दूसरा होता है और अपने लिए दूसरा मापदण्ड होता है।

कार्लाइस ने तो पुकार-पुकार कर रहा है न जियो दोहरी ज़िन्दगी, उतार दो नकली मुखौटे और देखो तुम्हारे असली अंग-प्रत्यंग कैसे हैं? बहुत कर चुके स्वांग। अब बताओ कि तुम क्या हो। अपने विचारों को अपनाओ। अपने आपमें स्थिर रहने का साहस करो। कुछ कर दिखाओ।

किसी शायर का यह कथन कितना सच है -

इस फरेबी दुनिया में मुझे दुनियादारी नहीं आती,
झूठ को सच करने की कलाकारी नहीं आती।
जिसमें सिर्फ मेरा हित हो वो समझदारी नहीं आती।
इसलिए पीछे हूँ, मुझे दोहरी ज़िन्दगी जीना नहीं आती।।

जीवन में कभी दोहरी ज़िन्दगी न जिएँ, बाहर कुछ और भीतर कुछ। आरोपित मुखौटे उतारें। बाहर मुस्कान और अन्दर कुटिलता के भेद को समाप्त करें। तभी आप प्रसन्नता से जी भर जी पाएँगे।

*

6.

परिवार : आनन्द के साथ भरपूर जीवन जीने का स्रोत

परिवार यानी सुंदर सपनों का वो समूह, जिसके साथ हम जीवन का सफ़र शुरू करते हैं। हमारी वो पहचान, जो अवसरों के द्वार खोलता है। हमारी वो ताक़त, जो सर्वश्रेष्ठ देने के लिए प्रेरित करता है। वो प्रेरणा, जो बाहर निकलने के काबिल बनाता है। परिवार ही वो सबसे सुरक्षित मंज़िल है जहाँ मिलता है हमें जी भर जीना।

-रॉबिन शर्मा

ऋषि-मनीषियों का कथन है- परिवार परमात्मा की ओर से स्थापित एक ऐसा साधन है, जिसके द्वारा हम अपना आत्मविकास सहज में ही कर सकते हैं। आत्मा में सतोगुण की परिपुष्ट कर सुखी, समृद्ध जीवन प्राप्त कर सकते हैं। मानव जीवन की सर्वाणीय पुण्यव्यस्था के लिए पारिवारिक जीवन प्रथम सौपान है। मनुष्य केवल सेवा कार्य और साधना में ही पूर्ण शांति प्राप्त कर भरपूर जीवन जी सकता है।

संयुक्त परिवार में घर वह स्थान है जहाँ आप आत्मीयता का अनुभव करते हैं। जहाँ हम सीखते हैं दूसरों के लिए अपने सुख का कैसा उत्सर्ग किया जाए। घर कहता है दूसरों के लिए जी और दूसरों के बल पर जी। क्या लेना, कितना लेना और कितना देना इस प्रश्न का उत्तर घर ही देता है। यदि आप मकान को घर बनाना चाहते हैं तो ईंट-गारे से बनी इस इमारत में अपनी भावनाओं का भी थोड़ा निवेश करें तभी घर बनता है जब उसमें रहने वाले उसे सही अर्थ में घर बनाना चाहते हों।

घर और मकान की अलग-अलग पहचान है,
'घर' मन का पर्याय है, ईंट पत्थर है 'मकान'।

शक्ति और ऊर्जा का केन्द्र

परिवार हमारी शक्ति और आन्तरिक ऊर्जा का केन्द्र है। इसके बल पर ही हम सामाजिक जीवन का सर्वोच्च प्राप्त कर सकते हैं। यह संस्कृति और जीवन मूल्यों की प्राथमिक पाठशाला भी है। परिवार से ही हमारे भीतर सद्गुणों का विकास होता है। किसी भी व्यक्ति के विकास में उसके परिवार का बहुत बड़ा योगदान होता है। बच्चे पर प्रथम प्रभाव परिवार के माहौल का पड़ता है। यदि पारिवारिक माहौल अच्छा है तो वह तेज़ी के साथ मानसिक रूप से सबल होने लगता है। इसके विपरीत यदि परिवार का माहौल ठीक न हो तो बच्चा टूटने लगता है। उसका विकास अवरुद्ध होने लगता है।

संयुक्त परिवार हमारे समाज की रीढ़ है। वर्तमान में परिवार का विघटन हमारी पारिवारिक शक्ति को क्षीण कर रहा है। यह हमारी संस्कृति के मूल्यों से मेल नहीं खाता। इसी कारण आज पारिवारिक तनाव की स्थिति बढ़ रही है।

अनमोल हैं खून के रिश्ते

परिवार को यदि हम वाटिका मान लें तो उसमें प्रेम और स्नेह को पुष्प मानकर चलना पड़ेगा, क्योंकि परिवार के प्राण तो प्रेम में ही बसे रहते हैं। यह प्रेम ही है जो पति को पत्नी से, सास को बहू से, भाई को भाई से एवं सभी सदस्यों को एक-दूसरे से बाँधे रखता है। प्रेमभाव की सबसे बड़ी विशेषता यह है कि वह अपनी हानि मंजूर करके दूसरों को लाभान्वित करने के लिए आगे बढ़ता जाता है। प्रेम में बदले की भावना नहीं होती है। मतलब यह कि परिवार में यदि निश्छल प्रेमियों का जमावड़ा है तो वह त्याग और बलिदान के लिए हर समय तैयार रहेगा। प्रेम की डोरी में बँधकर ही कठिनाई के समय वह एक-दूसरे से सुख प्राप्त कर सकता है अन्यथा नहीं। प्रेम की इस भावना में डूबकर पिता, पुत्र के लिए, भाई, बहन के लिए, माँ, बेटी के लिए सब कुछ त्याग देते हैं। स्वयं कष्ट उठाकर भी माँ अपनी संतान के सुख की माला जपती रहती है। पारिवारिक

रिश्ते के बारे में किसी ने लिखा है -

बड़े अनमोल हैं ये खून के रिश्ते, इनको तू बेकार न कर
मेरा हिस्सा भी तू ले ले मेरे भाई घर के आँगन में दीवार खड़ी न कर।

परिवार एक अनमोल तोहफा संभाल के रखें

रविवार, सोमवार, मंगलवार हर वार में हम कोई न कोई भगवान को ज़रूर मानते हैं, लेकिन एक वार और भी आता है उसे यदि सभी माने तो पूरे संसार का जीवन ही बदल जायेगा और भगवान का भी साथ मिलता रहेगा। उस वार को कहते हैं "परिवार"। इसी परिवार में हमें सब कुछ मिलता है। यदि परिवार सलामत रहे तो सभी वार सलामत, इस परिवार की एकता में इतनी ताक़त होती है कि कोई भी किसी भी काम में सफल हो सकता है।

पत्थर तब तक सलामत है जब तक वह पर्वत से जुड़ा है, पत्ता तब तक सलामत है जब तक वह पेड़ से जुड़ा हुआ है। इंसान जब तक सलामत है जब तक वह परिवार से जुड़ा हुआ है, क्योंकि परिवार से अलग होकर आजादी तो मिल सकती है, संस्कार नहीं।

परिवार के बारे में किसी ने क्या खूब लिखा है -

परिवार नाम है सुख दुःख की कहानी का,
परिवार राज़ है सदा मुस्कुराने का।
ये कोई पलभर की पहचान नहीं
परिवार नाम है उम्र भर साथ निभाने का।

परिवार भगवान का दिया हुआ एक अनमोल तोहफा है। इसे मान, सम्मान के साथ संभालकर रखना चाहिए।

परिवार से बड़ा कोई धन नहीं

संयुक्त परिवार प्रथा हमारे देश, संस्कृति की पहचान थी। एक मकान, एक ही छत के नीचे पूरा कुटुम्ब। रिश्तों की गठजोड़ और अलग-अलग आयु और रिश्तों के अनुसार अलग-अलग अनुभव व साझा जीवनचर्या। मगर अब क्या

हुआ इन कुटुम्बों का? कहाँ गई हमारी संस्कृति की पहचान? अब न कोई बड़ों से अनुभव लेना चाहता है और न ही उनका साथ पाने की इच्छा रखता है।

आज कोई बिरले परिवार ही शान्ति एवं सुविधापूर्वक निर्वाह करते दिखाई देंगे। अधिकांश में असंतोष और मनमुटाव की आग जलती पाई जाती है। हमारी परिवार संस्था टूटती-फूटती नज़र आ रही है।

इसके प्रमुख कारण है कि विभिन्न रूपों में परिवार की टूटती हुई मर्यादाएँ, परिवार को संभालने वालों का गलत दृष्टिकोण, परिवार में अन्य सदस्यों द्वारा अपने कर्तव्यों के प्रति निष्ठा का अभाव, फलस्वरूप परिवार की शांति समाप्त हो चुकी है। कलह का साम्राज्य स्थापित हो चुका है। जब शान्ति नहीं तो सुख-शान्ति कैसे?

एकल परिवार में रहने वाले को लगता है कि वह अकेले रहकर अपनी ज़िन्दगी अच्छी तरह जी पायेगा, लेकिन वह इस बात को नहीं जानता कि ऐसे में वह अपने बच्चों को उन अनुभवों और दुआओं के साए से दूर ले जा रहा है जो उनके पालन-पोषण के लिए ज़रूरी है। यानी घर के दादा-दादी, नाना-नानी। आज की पीढ़ी द्वारा बुजुर्ग पीढ़ी की अनदेखी करना वर्तमान परिप्रेक्ष्य में बहुत कष्टदायी है। परिवार के साथ रहने से बच्चे न केवल सुरक्षा और संरक्षण पाते हैं, बल्कि वे उन अनुभवों के साथ जीते हैं, जो उन्हें अपने पैरों पर खड़ा करने में सहायक होते हैं।

परिवार के बारे में किसी ने ठीक ही कहा है -
परिवार से बड़ा कोई धन नहीं
पिता से बड़ा कोई सलाहकार नहीं।
माँ की छाँव से बड़ी कोई दुनिया नहीं
भाई से अच्छा कोई भागीदार नहीं।
बहिन से बड़ा कोई शुभचिन्तक नहीं।
पत्नी से बड़ा कोई दोस्त नहीं।
इसलिए परिवार के बिना जीवन, जीवन नहीं।

संयुक्त परिवारों में सुख-शान्ति और सुव्यवस्था की संभावनाएँ इसलिए अधिक रहती है कि वहाँ सदस्यों में पारस्परिक सहयोग का सम्बन्ध बना रहता है। परिवार की जिम्मेदारी को सभी सदस्य थोड़ा-थोड़ा करके निभाते चलते हैं और किसी पर असहाय भार नहीं आ पाता, विघटित परिवार में सभी उत्तरदायित्वों का भार पति-पत्नी पर ही रहता है। किसी निकटवर्ती स्वजन का सामीप्य न मिलने के कारण हारी-बीमारी में जो परेशानियाँ आती हैं, उनकी चक्की में भी उनको पिसना पड़ता है। संयुक्त परिवार में ऐसी अवांछित स्थितियों के कारण उत्पन्न कठिनाईयाँ भी हँसी-खेल की तरह सह ली जाती हैं।

आपका परिवार ही आपकी वास्तविक दुनिया

एक 62 वर्षीय व्यक्ति के फेसबुक पर 3100 दोस्त और 25 व्हाट्सअप ग्रुप होने के बाद भी जब उसे हार्ट अटैक आया तो आई.सी.यू. के बाहर सिर्फ उसकी पत्नी, माँ-बाप, भाई-बहन और बच्चे खड़े हुए थे, जिनके लिए कभी भी उसके पास वक्त नहीं था।

अतः काल्पनिक दुनिया से बाहर निकलिए और अपने परिवार जो आपकी वास्तविक दुनिया है, को वक्त दीजिए और सुख-शान्ति से भरपूर ज़िन्दगी जिएँ।

प्रेम, विश्वास और सहयोग की त्रिवेणी

पारिवारिक रिश्तों को चाहिए प्रेम, विश्वास और सहयोग की त्रिवेणी जिसके रिश्ते महज़ नाम के न रहकर मन आत्मा में बस जाएँ समाहित हो जायें वरना "यूँ तो हर रिश्तों का अंजाम यही होता है, फूल खिलता है, महकता है, बिखर जाता है।"

याद रखिए- यदि आपको अपनी जीवन यात्रा को शानदार बनाना है, हर पल भरपूर ज़िन्दगी जीना है तो अपनी कोशिश और व्यवहार इस प्रकार का होना चाहिए -

कोशिश कर रहा हूँ कोई मुझसे न रूठे,
जिन्दगी में अपनों का साथ न छूटे।

रिश्ता कोई भी हो उसे ऐसे निभाऊँ,
कि रिश्ते की डोर ज़िन्दगी भर न छूटे।।

लम्बी उम्र, अच्छी सेहत का राज़ - अपनों का साथ

अपने बड़े हो चुके बच्चों के साथ अधिक समय बिताने या बहन को घर बुलाने के बहुत सारे भावनात्मक कारण हो सकते हैं, लेकिन इनमें एक अहम् कारण है आपकी अच्छी सेहत और लम्बी उम्र। यह बात तो पहले से ही स्थापित है कि मजबूत पारिवारिक सम्बन्धों से उम्र लम्बी होती है। अब शोधकर्ताओं ने यह भी पता लगाया है कि खराब सम्बन्धों से सेहत कमज़ोर होती है। जिन लोगों का अपने रिश्तेदारों से कम सम्बन्ध होता है, उनकी सेहत भी खराब होती है। भावनात्मक सहारे के बिना उनकी सेहत के लिए ख़तरा बढ़ता जाता है। अमेरिकन सोशियोलॉजिकल एसोसिएशन की वार्षिक बैठक में 2016 के अध्ययन के रिजल्ट पेश किए गए। इसमें 57 से 85 वर्ष के लगभग तीन हजार लोग शामिल हुए। इनमें जिन लोगों ने कहा है कि वे अपने परिवार के सदस्यों से 'बेहद-क़रीबी' रिश्ता महसूस करते हैं, ऐसे लोगों की अगले पाँच वर्षों में सेहत के कारणों से मौत का ख़तरा सिर्फ 6 प्रतिशत पाया गया। यानी वे लोग अधिक स्वस्थ्य थे।

जीवनसाथी के साथ सोच-समझकर अपनी भावनाएँ और अनुभव बाँटना भी सेहत के लिए बहुत फायदेमंद होता है। इससे रिश्ते में घनिष्ठता तो बढ़ती ही है, स्वास्थ्य में भी सार्थक और स्थायी सुधार होता है। 162 विवाहित जोड़ों पर 2017 के हुए एक शोध में लोगों ने कहा कि जिस दिन उनके बीच सुखद, सकारात्मक बातचीत होती है, अकेलापन नहीं लगता। अधिक आंतरिक खुशी महसूस होती है। उस दिन तुलनात्मक रूप से तेजी से नींद आ जाती है। पूरा दिन सकारात्मक ऊर्जा से महसूस होती है। इससे कार्यक्षेत्र में भी सफलता मिलती है।

किसी ने क्या खूब कहा है -

ऐ ज़िन्दगी तू सच में बहुत खूबसूरत है।
फिर भी तू अपनों के बिना अच्छी नहीं लगती।।

ज़िन्दगी की बैलेन्स शीट में संतुलन ज़रूरी

- कोकाकोला के पूर्व सी.ई.ओ. आयन डायसन

जीवन में संतुलन सबसे ज़्यादा ज़रूरी है। कामकाज और कैरियर के लिए परिवार को समय नहीं देना, सबसे बड़ी भूल साबित होती है। कोका-कोला के पूर्व सी.ई.ओ. आयन डायसन ने कॉर्पोरेट करिअर में 40 साल बिताने के बाद एक स्पीच में बेहद महत्त्वपूर्ण बातें कहीं थीं। उन्होंने बताया था कि जीवन की बैलेन्स शीट कैसी होनी चाहिए? उन्होंने कहा, काम पर समय से पहुँचे, कामकाजी घंटों के दौरान पूरी तल्लीनता से मगन होकर काम करें और घर पर समय से पहुँचे। डायसन ने आगे कहा, हम जीवन में पाँच गेदों को उछालते रहते हैं, जैसे सर्कस में जोकर करता है। पहली गेंद, कामकाज से सम्बन्धित है। दूसरी गेंद परिवार से जुड़ी है, तीसरी गेंद आपका स्वास्थ्य है, चैथी गेंद आपके दोस्त हैं और पाँचवीं गेंद है आपका उत्साह। उन्होंने आगे कहा कई सालों तक इन पाँचों गेदों को उछालते समय मुझे समझ आया कि कामकाज से सम्बन्धित पहली गेंद रबर की बनी हुई है और शेष सभी चार गेंद (परिवार, दोस्त, स्वास्थ्य और उत्साह) काँच की है। अगर कामकाजरूपी रबर की गेंद हाथ से छूट गई, तो यह उछलकर फिर वापस आएगी, क्योंकि काम के अवसर मिलते रहते हैं। काँच की गेंद हाथ से छूटी तो बिखर जाएगी, बिखरी नहीं भी तो क्षतिग्रस्त ज़रूर हो जाएगी। डायसन की बातें जीवन में संतुलन की महत्ता बताती है।

अमेरिका-यूरोप परिवार की वापसी के लिए लालायित

- क्षमा शर्मा, जानी-मानी लेखिका एवं साहित्यकार

भूतपूर्व अमेरिकी राष्ट्रपति डोनोल्ड ट्रंप रिपब्लिकन पार्टी के उम्मीदवार के तौर पर फिर से चुनाव मैदान में हैं। उनका सामना वर्तमान अमेरिकी राष्ट्रपति जो बाइडन से है। कहा जा रहा है कि ट्रंप चुनाव जीत सकते हैं। कौन जीतेगा और कौन हारेगा, यह तो वक्त ही बताएगा, लेकिन ट्रंप की तमाम प्रतिज्ञाओं में से एक यह है कि उन्हें अमेरिका समाज में परिवार चाहिए। अमेरिका में परिवार की

वापसी की माँग कोई नई नहीं है। इस मामले में रिपब्लिकन और डेमोक्रेट्स एक ही विचार के दिखते हैं। पूर्व उपराष्ट्रपति अल गोर की पत्नी 1993 से परिवार की वापसी की मुहिम चला रही है। अल गोर डेमोक्रेटिक पार्टी से सम्बन्ध रखते हैं। वहाँ के समाजसेवी, मनोवैज्ञानिक, पुलिस अधिकारी, अध्यापक और यहाँ तक कि बहुत-से डॉक्टर भी समवेत स्वर में कहते रहे हैं कि मनुष्य के लिए परिवार बहुत ज़रूरी है। वह अकेला नहीं रह सकता। कुछ दिन पूर्व एक शोध में बताया गया था कि अमेरिका में चार करोड़ लोग अकेलेपन के शिकार हैं। अमेरिका की लगभग 34 करोड़ आबादी को देखते हुए यह बहुत बड़ी संख्या है।

विश्व स्वास्थ्य संगठन का कहना है कि अकेलापन दुनिया में सबसे बड़ी महामारी का रूप लेता जा रहा है। बच्चों के लिए परिवार की ज़रूरत सबसे अधिक बताई जाती है। कहा जाता है कि परिवार में रहते हुए बच्चे अपने मन की बात कह सकते हैं, बड़ों की सलाह उन्हें मिल सकती है। ऐसा न होने पर वे तमाम तरह के अपराधों के शिकार होते हैं। अवसाद में घिरते हैं और नशे के जाल में फँस जाते हैं। जहाँ बच्चे अकेले हों, वहाँ के समाज की लचर स्थिति की कल्पना ही की जा सकती है।

जिस परिवार को लेकर पश्चिम इतना लालायित है, उस पर पलीता उसी ने लगाया है। पहले हर तर्क से परिवार को पीटा, तरह-तरह के अतिवादी विचारों का डायनामाइट लगाकर उसे तहस-नहस किया और अब कह रहे हैं कि परिवार चाहिए। काश पहले सोचा होता कि परिवार नहीं रहेगा तो आप भी नहीं रहोगे, लेकिन अतिवादी विचारों का आकर्षण कुछ इस तरह का होता है कि वह लोगों को जल्द अपनी गिरफ़्त में लेता है। उसके दुष्परिणाम 50-100 साल बाद ही दिखाई देते हैं। इटली में प्रधानमंत्री मेलोनी ने भी परिवार की बात करके ही राजनीतिक बढ़त ली थी। उनका तो नारा ही था मैं एक आत्मनिर्भर स्त्री हूँ, लेकिन मैं एक माँ हूँ और ईसाई भी हूँ यानी आत्मनिर्भरता, परिवार और आपकी आस्था या धर्म एक साथ चल सकते हैं।

अमेरिका के साथ पूरे यूरोप में इन दिनों परिवार की बातें हो रही हैं, क्योंकि लोग देख रहे हैं कि परिवार के न रहने की कितनी बड़ी क़ीमत समाज और सरकारें चुका रही हैं। जो काम परिवार के रहते हुए बहुत आसानी से हो जाते थे, उन सबके लिए लोग सरकारों की तरफ देखते हैं। मैंने खुद अकेले स्त्री-पुरुषों की बड़ी संख्या यूरोप में देखी है। हो सकता है कि उनके पास सभी सुविधाएँ हों, लेकिन उनकी सुनने वाला शायद ही कोई हो। वे जैसे सिर्फ दुनिया से चले जाने के इंतज़ार में हैं। वे बाज़ारों, सड़कों और घरों में अकेले दिखाई देते हैं। उनकी मुस्कुराहट में दीनता छिपी दिखती है। बहुत बार भारतीय लोगों को देखकर वे रूक जाते हैं और अक्सर परिवार के बारे में पूछते हैं। वे इसकी तारीफ़ करते हैं कि भारत में पारिवारिक मूल्य बहुत मज़बूत हैं।

परिवार ईश्वर का पहला उपहार - जी भर जीने का रहस्य

अमेरिका की नेब्रास्का यूनिवर्सिटी ने सबसे खुश परिवारों पर शोध किया और बताया कि उनमें क्या ख़ास होता है।

पहली प्राथमिकता प्रेम

सबसे खुशहाल परिवार के सदस्यों की प्राथमिकता परिवार होता है। वे जानते हैं जीवन के हर क्षेत्र फिर वह कॅरिअर हो, शिक्षा या सोशल लाइफ, सभी में सफलता के लिए परिवार का साथ ज़रूरी है।

दूसरी ज़रूरत संस्कार

इस परिवार के सदस्य आपस में खुलकर स्नेह ज़ाहिर करते हैं। परिवार के सदस्यों में यह बात शामिल होती है कि सुख और दुःख दोनों बाँटने हैं, क्योंकि मज़बूत परिवारों का आधार है- बाँटना।

तीसरी अहमियत सम्मान

सबसे खुश परिवारों में हमेशा सम्मान और पॉजिटिविटी का संचार होता है। इन परिवारों में यह विचार गहराई से समाया होता है कि एक-दूसरे की बात को पूरा सुनना बहुत ज़रूरी है।

चौथी आवश्यकता समय

और सबसे बड़ी बात ये है कि ये परिवार बहुत समय साथ बिताते हैं। यह परिवार जानते हैं कि क्वालिटी टाईम की क्या अहमियत है, इसलिए साथ घूमने जाना इन परिवारों का नियमित काम होता है।

परिवार लौकिक सुविधाओं की दृष्टि से ही नहीं, आत्मिक सद्गुणों को अभ्यास में लगने के लिए भी आवश्यक है। ईश्वर ने जितनी समाजसेवा अनिवार्य रूप से हमें सौंपी है वह परिवार ही है। किसी भी व्यक्ति की आध्यात्मिक एवं सामाजिक जिम्मेदारी उसके पारिवारिक कर्तव्यों के साथ मज़बूती के साथ बँधी हुई है। परिवार को सुविकसित करने के लिए निरन्तर सचेष्ट रहना मानवता की सेवा की दृष्टि से नितांत आवश्यक है।

अपने परिवार से प्यार करें, उनके साथ समय बिताएँ

(एप्पल कंपनी के संस्थापक स्टीव जाब्स की मृत्यु के पूर्व की गई एक मार्मिक अपील)

एक समय था जब मैं व्यवसाय जगत् की ऊँचाइयों को छू चुका था, लोगों की नज़र में मेरी ज़िन्दगी सफलता का एक बड़ा नमूना बन चुकी थी, लेकिन आज खुद को बेहद बीमार और इस बिस्तर पर पड़ा हुआ देखकर मैं कुछ अजीब महसूस कर रहा हूँ।

पूरी ज़िदगी मैंने कड़ी मेहनत की, लेकिन खुद को खुश रखने के लिए या खुद के लिए समय निकालना आवश्यक नहीं समझा। जब मुझे कामयाबी मिली तो मुझे बेहद गर्व अनुभव हुआ, लेकिन आज मौत के इतने क़रीब पहुँचकर वह सारी उपलब्धियाँ फीकी लग रही हैं।

आज इस अँधेरे कमरे में, इन मशीनों से घिरा हुआ हूँ।

मैं मृत्यु के देवता को अपने बहुत निकट महसूस कर सकता हूँ। आज मेरे मन में एक ही बात आ रही है कि इंसान को जब यह लगने लगे कि उसने अपने भविष्य के लिए पर्याप्त कमाई कर ली है तो उसे अपने खुद के लिए समय निकाल लेना चाहिए और पैसा कमाने की चाहत न रखते हुए खुद की खुशी

के लिए जीना शुरू कर देना चाहिए। बचपन का कोई अधूरा शौक, जवानी की कोई इच्छा या फिर कुछ भी ऐसा जो दिल को तसल्ली दे सके।

किसी ऐसे के साथ समय बिताना चाहिए जिसे आप खुशी दे सकें और बदले में उससे भी वही प्राप्त कर सकें, क्योंकि जो पैसा सारी ज़िन्दगी में कमाया है उसे मैं साथ लेकर नहीं जा सकता।

यदि मैं कुछ लेकर जा सकता हूँ तो वे हैं यादें, ये यादें ही तो हमारी 'अमीरी' होती हैं, जिनके सहारे हम सुकून की मौत पा सकते हैं, क्योंकि ये यादें और उनसे जुड़ा प्यार ही एकमात्र ऐसी चीज़ है जो मीलों की यात्रा कर आपके साथ आ सकती है। आप जहाँ चाहे इसे ले जा सकते हैं। जितनी ऊँचाई पर चाहें आपका साथ दे सकती हैं, क्योंकि इन पर केवल आपका अधिकार है।

जीवन के इस मोड़ पर मैं बहुत कुछ महसूस कर सकता हूँ। जीवन में अगर कोई सबसे महँगी वस्तु है तो वो शायद मृत्यु शैया ही है, क्योंकि आप पैसा फेंककर किसी को अपनी कार का ड्रायवर बना सकते हो, जितनी मर्ज़ी हो नौकर-चाकर अपनी सेवा के लिए लगा सकते हो, लेकिन इस 'डेथ बेड' पर आने के बाद कोई दिल से आपको प्यार करे, आपकी सेवा करे, यह चीज़ आप पैसे से नहीं ख़रीद सकते। आज मैं यह कह सकता हूँ कि हम जीवन के किसी मोड़ पर क्यों न हों, उसे अंत तक खुशमय बनाने के लिए हमें अपने परिवार का सहारा चाहिए। पैसा हमें सब कुछ नहीं दे सकता।

मेरा निवेदन है आप सबसे, कि अपने परिवार से प्यार करें, उनके साथ समय बिताएँ इस बेशक़ीमती ख़जाने को बर्बाद न होने दें। खुद से भी प्यार करें। - स्टीव जाब्स

घनिष्ठता - आत्मीयता विकसित कर जिएँ जी भर

ब्रह्मा सृष्टि रचते हैं, माता-पिता परिवार। वे सिर्फ जन्म ही नहीं देते, पालते, बढ़ाते-पढ़ाते और संस्कार भी सिखाते हैं। किताबी बातें नहीं, दुनियादारी का ज्ञान भी देते हैं। सीख देते हैं कि खुशियों को एक पीढ़ी से दूसरी पीढ़ी तक ले जाओ। संस्कारों का यही बीज जटिलताओं से जूझते हुए ज्ञान और सुख का

वटवृक्ष तैयार करता है, फिर ये विसंगति क्यों है? जैसे मृग अपनी नाभि के कुण्डल में बसी कस्तूरी भूलकर डगर-डगर भटकता है, हम अपने परिवारों और रिश्तों का सुख छोड़कर चकाचौंध के पीछे भाग रहे हैं। क्या हमने कुलाचें मारना छोड़ पल भर ठहरकर ये सोचा है कि जिन्होंने हमें बाहरी परिवेश में सैर करने योग्य बनाया उन्हें हम किस क़दर उपेक्षा के अँधेरे में धकेल आए हैं?

आज परिवार के सभी सदस्यों को कलह, लड़ाई-झगड़े, मनमुटाव, परस्पर आरोप-प्रत्यारोप, दोषारोपण, मतभेद आदि की विष-बेल ने जकड़ लिया है, जिससे हमारे पारिवारिक जीवन की सुख-समृद्धि उन्नति प्रगति का मार्ग अवरुद्ध हो गया है। गृहस्थ जीवन की इस दुर्दशा ने व्यक्ति की शक्तियों को नष्टकर उसे पंगु बना दिया है। जीवित रहते हुए भी वह गृह कलह के विष-दंश से पीड़ित होकर निर्जीव-सा बनता जा रहा है। निराशा, उदासी, मानसिक घुटन में रहकर वह कैसे जी भर के जी सकता है।

घनिष्ठता-आत्मीयता को निरन्तर विकसित करने वाली पारिवारिक भावना ही जी भर जीने का सुख एवं आनन्द दे सकती हैं, जो अभी तक परिवार व्यवस्था को मिलते रहे हैं, परन्तु इन दिनों ख़त्म हो चले हैं। उस भावना के बिना सामूहिक निवास से परिवार की सुवास नहीं आ सकती, द्वेष, दुर्भाव की दुर्गंध ही फैलेगी। स्वर्ग सुख की पुनः अनुभूति के लिए स्नेह, सत्कार, उदारता, कृतज्ञता, दायित्वों की आत्मीयता, सद्भाव पर आधारित परिवार भावना ही अपनानी होगी तभी परिवार भरपूर ज़िन्दगी जीने का ठिकाना बन सकते हैं।

*

7.

हास्य-मुस्कान है जहाँ, जीने का आनन्द है वहाँ

जी भर जीने के लिए हँसी मनुष्य को मिला बहुत बड़ा वरदान है। जब हम हँसते हैं तो न जाने क्या होता है कि मन का पोर-पोर खिल उठता है। विज्ञान तो यह कहता है कि शरीर का भी रोम-रोम हँसी से आनंदित होता है और दिमाग तनावमुक्त हो जाता है। - डॉ. डेविस सोबेल, अमेरिका

हास्य हमारा आन्तरिक मैकेनिक है, जो हमें मुफ़्त सेवा देता है। वह हमारी मानसिक मशीनरी को अच्छी स्थिति में रखने के लिए उसके निरीक्षण, समायोजन तथा तेल आदि की व्यवस्था करता है। हास्य-परिहास की आदत न केवल तनाव दूर करती है, वरन् आदमी को हर दिल अज़ीज़ और आकर्षक बना देती है।

अमेरिका के डॉ. डेविस एस. सोबेल ने अपने एक लेख 'भरपूर हास्य अच्छा स्वास्थ्य' में लिखा है कि हँसने वाले लोग आत्महत्या नहीं करते, उन्हें दिल के दौरे नहीं पड़ते, हँसी आपको निर्मल कर जाती है। अतीत के कूड़े-कर्कट को झाड़कर एक नई दृष्टि देती है। ज़्यादा जीवन्त, ऊर्जावान व सृजनशील बनाती है।

चिकित्सा विज्ञान अब इस बात को मानने लगा है हमारे स्वास्थ्य के लिए हँसना, परिहास करना बहुत प्रभावी है। यदि आप बीमारी के दौरान हँस सके तो जल्दी स्वस्थ हो जायेंगे और अगर स्वस्थ रहकर भी नहीं हँस पाये तो शीघ्र ही स्वास्थ्य खोने लगेगा और बीमारी घेर लेगी। इसीलिये हास्य को स्वास्थ्य प्रदान करने वाली महाऔषधि कहा जाने लगा है।

हास्य जीवन में आनन्द और उल्लास बिखेरता है, रसधारा छोड़ता है और तनाव दूर करता है। हास्य वह टॉनिक है, जो थके-माँदे मनुष्य को नई ताज़गी प्रदान करता है। हास्य कटुता, मनोमालिन्य एवं सन्देह के कोहरे को काटता है और आपसी कलुष एवं अविश्वास को समाप्त करता है।

यदि सभी मनुष्य हँसना सीख सके तो दुनिया के 60 प्रतिशत अपराध अपने आप समाप्त हो जायेंगे, क्योंकि हँसता व्यक्ति कभी पाप या अपराध नहीं करता। अपराध क्रोध और आवेश में करता है। क्या आपने कभी देखा है कि सास-बहू हँस रही हों और आपस में गुत्थमगुत्थी हो रही हो, नहीं। इसीलिए हँसों और हँसाओ। मुँह खोलकर तो दुनिया हँसती है आप दिल खोलकर हँसो। जो दिल खोलकर हँसता है उसे दिल का दौरा नहीं पड़ता।

जो जी से हँसता है वह कभी अपराधी नहीं होता। जी से हँसों, तुम्हें अच्छा लगेगा। अपने मित्र को हँसाओ तुमको बहुत पसंद करेगा। एक अनजान को हँसाओ, तुम पर भरोसा करेगा। उदास को हँसाओ, उसका दुःख घटेगा। एक निराश को हँसाओ, उसकी आशा बढ़ेगी। एक बूढ़े को हँसाओ, वह अपने को जवान समझने लगेगा।

हँसी यौवन का सौन्दर्य है, शृंगार है जो व्यक्ति इस सौन्दर्य और शृंगार को धारण नहीं करता, उसका सौन्दर्य टिक नहीं पाता। खिलखिलाकर हँसना, हास्य व्यंग्य की फुलझड़ियाँ और विनोदपूर्ण मुस्कुराहट क्रोधित से क्रोधित व्यक्ति को हँसा देती है। यह व्यक्ति के स्वभाव को मधुर बनाने की अचूक दवा है।

जॉर्ज बनार्ड शॉ का कथन है- हँसी के कहकहों पर यौवन के प्रसून खिलते हैं, हँसना मानव जीवन का उज्ज्वल पक्ष है।

अगर मैं हँसना नहीं जानता तो कभी का पागल हो जाता।

- महात्मा गाँधी

हास्य को सर्वोत्तम टॉनिक कहा गया है। अंग्रेज़ी की तो उक्ति है दी लाफ़्टर इज़ बेस्ट टॉनिक। आप स्वयं अनुभव कीजिए, जब आप हँस रहे होते हैं, मुस्कुरा रहे होते हैं उस स्थिति में आपके शरीर और मन की स्थिति कैसी होती है।

आपकी सुस्ती, उदासीनता यह कहाँ चली जाती है। आपका मन हिरण की तरह कुलाँचे मारना चाहता है।

दार्शनिक वायरन ने लिखा है- "जब भी संभव हो हँसों, यह एक सस्ती दवा है, हँसना मानव जीवन का उज्ज्वल पहलू है।"

केरीबोर ने लिखा है- "हँसी जीवन का आनंद है। हँसी यौवन का सौन्दर्य और शृंगार है। जो व्यक्ति इस सौन्दर्य और शृंगार को धारण नहीं करता उस पर सुख भी नहीं ठहरता।"

स्टर्न ने कहा है- "मुझे विश्वास है कि हर बार जब कोई व्यक्ति हँसता है, मुस्कुराता है तो वह उसके साथ-साथ ही अपने जीवन में वृद्धि करता है।"

कार्लाइस का कथन है- "हास्य एक चतुर किसान है, जो मानव जीवन पथ के काँटों, झाड़-झंखाड़ों को उखाड़कर एक ओर फेंक देता है और सद्गुणों के सुरक्षित वृक्ष लगाकर जीवन को सुगन्ध से भर देता है।"

हास्य से जिस्म ही नहीं, मन भी तरोताज़ा होता है। ओशो ने हास्य को ध्यान कहते हुए कहा कि जो व्यक्ति हँसना नहीं जानता, उसके लिए आध्यात्मिक होना असंभव है। ''या-यू! द मिस्टिक रोज''में ओशो लिखते हैं ''हँसने वाले व्यक्ति को दिल का दौरा नहीं पड़ सकता। हँसने वाला व्यक्ति आत्महत्या नहीं कर सकता।

बीबर ने एक स्थान पर लिखा है- उन लोगों को निकाल बाहर करो जो जीवन जैसी वस्तु को चीखते-चिल्लाते हुए व्यतीत करते हैं। ध्यान रहे जो व्यक्ति हँस नहीं सकता, वह प्रसन्न और सुखी भी नहीं रह सकता। प्रसन्न व्यक्ति का न केवल सभी स्वागत करते हैं, अपितु उसके साथ ही रहना चाहते हैं। हँसी ज़िन्दगी के प्रति हमारे नज़रिये को बदल देती है।

महात्मा गाँधी भी हँसने और मजाक करने से बाज़ नंहीं आते थे, उनका कहना था कि अगर वे हँसना नहीं जानते तो कब के पागल हो जाते।

मृत्यु शैय्या पर भी हँसी बरकरार

यह एक ऐसे व्यक्ति की कहानी है जो हमेशा दूसरे लोगों को चुटकुले आदि

सुनाकर हँसाता रहता था। लोग उसके चुटकुले सुनने के लिए ग्रुप में एकत्रित होते और हँसते हुए घर लौटते थे। वह स्वयं का और दूसरों का भी मजाक उड़ाता था और भीड़ में मौजूद सभी व्यक्तियों के चेहरे पर मुस्कुराहट छा जाती थी।

कुछ वर्षों बाद जब वह मरणासन्न अवस्था में हुआ तो लोग उसके पास यह पूछने आए कि वह हमेशा खुश कैसे रहता है, यहाँ तक मृत्युशैय्या पर भी उसने अपनी हँसी कैसे बरकरार रखी। उसने उत्तर दिया और अपने दाह संस्कार की अंतिम इच्छा बताई कि उसका अंतिम संस्कार इन्हीं कपड़ों में (जो वह पहने हुए है) हो। उसकी इच्छा पूरी की गई। उसकी इस इच्छा पूर्ति में प्रत्येक व्यक्ति की हैरानी छिपी हुई थी। जब लोगों ने देखा कि चिता आग दिखाते ही जल उठी, क्योंकि हँसोड़ व्यक्ति ने अपने कपड़ों में पटाखे छिपा रखे थे। अपने अंतिम संस्कार पर भी वह लोगों का मनोरंजन करता रहा।

एक अंग्रेज़ डॉक्टर का कहना है कि किसी नगर में दवाई में लदे हुए बीस गधे ले जाने से एक हँसोड़ आदमी का ले जाना अधिक लाभकारी है।

क्या स्वर्ग में भगवान मर गया है ? - श्रीमती कौरेटा स्कार्ट किंग

एक बार मार्टिन लूथर किंग को लगने लगा कि उनके जीवन को उदासियों ने घेर लिया है। वे संसार को मिथ्या समझने लगे थे। उन्हें ऐसी हालत में देखकर एक दिन उनकी पत्नी ने कहा- स्वर्ग में भगवान मर गया है क्या ? लूथर ने कहा- नहीं ऐसा कैसे हो सकता है? ईश्वर तो अजर-अमर है। पत्नी ने कहा- तुम्हें विश्वास है? उन्होंने कहा- हाँ। पत्नी बोली- लेकिन तुम तो इतने उदास हो गए हो कि लगता है भगवान मर गया। इस पर लूथर हँस पड़े। किसी ने ठीक ही कहा है- "दुनिया भर की तमाम मुश्किलों, दुःखों और तनाव के बादलों को आप एक विस्फोट में उड़ा सकते हैं। ये विस्फोट है हँसी का।"

भरपूर जीवन या ज़िन्दादिली

80 वर्ष की आयु में भी जॉर्ज बनार्ड शॉ की स्फूर्ति और सक्रियता देखते ही बनती थी। लोग यह देखकर आश्चर्यचकित हो जाते थे कि आखिर क्या कारण है

कि वे बुढ़ापे में भी इतने सक्रिय बने रहते हैं। पूछने पर उनका उत्तर था- ''हमेशा प्रसन्न और प्रफुल्लित बने रहना, परेशानियों में भी सदैव हँसते, मुस्कुराते रहना और जी भर जीने के लिए जी भर के हँसता और हँसाना।''

हँसने से मन हल्का हो जाता है, स्फूर्ति और ताज़गी बनी रहती है। अनमनापन, उदासी और नकारात्मक सोच ग़ायब होकर सकारात्मक सोच पैदा हो जाता है। इसके साथ ही किसी कार्य को श्रेष्ठतम तरीके से करने की क्षमता उत्पन्न हो जाती है।

रवीन्द्रनाथ टैगोर ने एक स्थान पर लिखा है- "जब मैं हँसता हूँ तो लगता है कि मेरे मन पर लदा हुआ सारा भार उतर गया।" मनोवैज्ञानिकों का भी कहना है कि हास्यरहित, उदास एवं खिन्न रहने वाले व्यक्ति की सारी शक्तियाँ शिथिल हो जाती हैं। यह मानव जीवन भीषण अभिशाप है जो जीती-जागती नरक की भयानक ज्वाला की भाँति मनुष्य को दीन-हीन और दुःखी बनाकर रख देता है।

हमें चाहिए कि हम पूर्णरूप से ज़िन्दादिल, हँसमुख, हल्के-फुल्के और गर्मी और उत्साह से भरे हुए हों। हमारी गर्मजोशी, हास्य और मुस्कुराहट की कोई सीमा न हो। ऐसे ही जीवन का नाम पूर्ण जीवन या ज़िन्दादिली है।

मुस्कुराइए मुस्कुराइए - जीवन में खुशियाँ पाइये

प्रकृति ने मनुष्य को कई गुण प्रदान किये हैं, इनमें एक है मुस्कुराहट। यह एक अद्भुत गुण है। जिसके उपयोग से हम स्वयं प्रसन्न रह सकते हैं और दूसरों को भी प्रसन्न रख सकते हैं। मुस्कान के द्वारा हम उदासी, तनाव, अवसाद, चिन्ता आदि पर काबू पा सकते हैं तथा अपने व्यक्तित्व में चमत्कारी परिवर्तन लाकर जी भर जी सकते हैं।

मुस्कान परमात्मा की भाषा है इसलिए हर देवता का चित्र और मूर्ति मुस्कुराती हुई मिलेगी। मुस्कान प्रेम की भाषा है। मुस्कान-हीन प्रेम हो ही नहीं सकता। मुस्कान औषधि है। मुस्कान आते ही तनाव, चिन्ता छूमन्तर हो जाते हैं। मुस्कान मित्रता की भाषा है। मुस्कान मित्र बनाती है, दुश्मनी का अंत करती है। मुस्कान से दिल की दूरियाँ मिट जाती हैं। महान् चिंतक सेम्युअल स्माइल का

कथन है कि मुस्कान आत्मा की शक्ति है। मुस्कान संक्रामक है। एक मुस्कुराते चेहरे को देखने से हमारे चेहरे पर स्वतः मुस्कान तैरने लगती है। मुस्कान एक प्रकार का सूर्य है, जिसके प्रताप से रोग, शोकरूपी अंधकार दूर भाग जाते हैं। मुस्कान एक प्रकार का चंदन का तेल है जो सभी प्रकार की जलन शांत कर देता है, शरीर और मस्तिष्क को सुवासित कर देता है।

मुस्कुराहट जीवन की अमूल्य निधि है। यह ख़रीदी नहीं जा सकती, न उधार दी जा सकती है और न इसे कोई चुरा सकता है। जब तक यह दी नहीं जाती तब तक यह किसी के काम की भी नहीं होती, लेकिन देने से कम नहीं होती, क्योंकि यह अपने अधिकार की वस्तु है। जब चाहे तब दे सकते हैं। फिर इसे देने में शिकायत अथवा कंजूसी क्यों की जावे। यदि आपको प्रकृति ने सौन्दर्य कम दिया है तो मिलने वालों से मुस्कुराकर बातें करना सीख जाइये। मुस्कान न केवल सौन्दर्य की कमी को पूरा कर देगी, अपितु नया सौन्दर्य पैदा कर देगी।

संसार में कोई इतना धनवान नहीं कि जो अपने अतीत को ख़रीद सके और न कोई इतना गरीब है कि वह मुस्कुराहट का दान न कर सकें, इसलिये दिल खोलकर मुस्कुराना चाहिए।

दिल में स्थान सुरक्षित है

मुस्कुराहट वह चीज़ है जो आपसे लेती कुछ नहीं है पर देती बहुत कुछ है। इसके लिए एक पैसा भी ख़र्च करने की आवश्यकता नहीं है, किन्तु यह पैदा बहुत करती है। इसे पाने वाले निहाल हो जाते हैं पर देने वाले कभी दरिद्र नहीं होते। यह एक क्षण में उत्पन्न होती है पर इसकी स्मृति सदैव कायम रहती है। आपके घर कोई अतिथि आया और आपने मधुर मुस्कान के साथ उसका स्वागत किया तो वह सारी थकावट भूल जायेगा। उसके मुख पर भी मुस्कुराहट दौड़ जायेगी। वह मीठी मुस्कान बोल पड़ेगी- आपके लिए इस दिल में स्थान सुरक्षित है इसलिये -

फूलों की तरह मुस्कुराते रहिये
भँवरों की तरह गुनगुनाते रहिये।

चुपचाप रहने से रिश्ते भी उदास हो जाते हैं
कुछ उनकी सुनिये कुछ अपनी सुनाते रहिये
भूल जाइये, शिकवा शिकायतों के पलों को
और मुस्कुराहट के मोती लुटाते रहिये।
मुस्कान के राजमार्ग पर आगे बढ़िये।

शब्द से भी ज़्यादा प्रभावी मुस्कान

हमारे शब्द सुनने वाले पर जितना असर करते हैं, उससे कहीं अधिक हमारी मुस्कान का प्रभाव होता है। एक डॉक्टर मुस्कुराते हुए प्रसन्न मन से किसी रोगी का इलाज करता है तो उस रोगी का आधा रोग उसी समय दूर हो जाता है। उस मुस्कान से रोगी को सांत्वना मिलती है। रोगमुक्त होने की प्रेरणा और उत्साह जहाँ स्वयं रोगी के अन्दर से उठती है तो रोग शीघ्र ही दूर हो जाता है।

मुस्कुराहट सजे-सजाये घर के समान हैं। मनुष्य रोने के लिए नहीं बनाया गया है, मुस्कुराने के लिए बना है। याद रखिये आपके मन में मुस्कुराहट है तो वह शब्दों से नहीं चेहरे से चमकती है, अगर किसी परिस्थिति के लिए आपके पास शब्द नहीं हैं तो सिर्फ मुस्कुरा दीजिये। शब्द उलझा सकते हैं पर मुस्कुराहट हमेशा काम कर जाती है। विभिन्न भाषाओं में अभिव्यक्ति के लिए अलग-अलग शब्द हैं, लेकिन मुस्कान नेकी सम्मान और प्यार को व्यक्त करने के लिए सार्वभौमिक भाषा है तो फिर क्यों न मुस्कुराए।

मुस्कान से हृदय परिवर्तन

एक व्यक्ति ने एक नवनिर्मित मकान ख़रीदा, उसमें फलों का बगीचा भी था। आस-पड़ोस के मकान पुराने थे। कुछ दिनों के बाद उसने प्रातः देखा कि उसके पड़ोस के मकान से किसी ने बाल्टी भर कूड़ा-कचरा उसके घर के सामने डाल दिया है।

शाम को उस व्यक्ति ने एक बाल्टी ली। उसमें अपने बगीचे के ताज़े फल रखे और पड़ोस के घर की घण्टी बजाई। उस घर के लोग बेचैन हो गये और सोचने लगे कि वह उनसे सुबह की घटना के लिए लड़ने-झगड़ने आया है। अतः

वे पहले से ही तैयार हो गये और बुरा-भला बोलने लगे, मगर जैसे ही उन्होंने अपने घर का दरवाज़ा खोला - हैरान हो गये। रसीले ताज़े फलों की बाल्टी के साथ चेहरे पर मुस्कान लिये नया पड़ोसी खड़ा था, सब आश्चर्यचकित थे, हैरान थे।

उसने कहा- "मेरे पास जो था मैं वही आपके लिये ला सका।" पड़ोसी ने अपने व्यवहार के लिए क्षमा माँगी और उस दिन से उनका हृदय परिवर्तन हो गया। आप प्रतिकूलता में भी मुस्कुराओ तो लोग आपसे गुलाब की तरह प्रेम करेंगे।

हमारा एक ही संदेश - हँसते, मुस्कुराते रहो और ज़िन्दगी जी भर जियो

तीन संतों के बारे में मैंने पढ़ा है। वे तिब्बत में हुए थे और तीन हँसते हुए संत ही उनका नाम था। उनका कोई नाम नहीं था। थ्री लाफिंग सेन्ट्स इस तरह वे जाने-पहचाने जाते थे। जिस गाँव में भी वो जाते, उस गाँव में हँसी-खुशी की लहर पहुँच जाती थी। वे हँसते, इतना हँसते की हँसना संक्रामक हो जाता और धीरे-धीरे पूरे गाँव के लोग हँसने लगते। वे जिस चैराहे पर खड़े हो जाते, वहाँ हँसी का फव्वारा छूट जाता।

जब लोग उनसे पूछते कि आपका कोई उपदेश नहीं है? वे कहते हैं कि हमारा एक ही उपदेश है कि जीवन में हँसी का भाव स्वीकार कर लो। जीवन को रोते हुए जो स्वीकार करेगा, उनका जीवन, जीवन नहीं है जीवन से उनका कोई सम्बन्ध नहीं हो सकता। वे लोगों से कहते कि रोते हुए, आँसुओं से भरे हुए कोई व्यक्ति ईश्वर के मन्दिर में न कभी प्रविष्ट हुआ है और न कभी हो सकेगा। हँसी मुस्कुराहट ही उसका मार्ग बन सकता है। मुस्कुराहट के इन्द्रधनुष तो ईश्वर तक पहुँचने के सेतु हो सकते हैं, लेकिन रोती हुई सूरत नहीं। हमारा एक ही संदेश है कि लोग हँसते मुस्कुराते रहें और प्रफुल्लित मन से जीवन को अंगीकार करना सीख जाएँ। किसी ने सही कहा है -

हँसकर जीना दस्तूर है ज़िन्दगी का
एक यही क़िस्सा मशहूर है ज़िन्दगी का

बीते हुए पल कभी लौटकर नहीं आते
यही सबसे बड़ा कसूर है ज़िन्दगी का
ज़िन्दगी के हरपल को जी भर बिताओ
रोने का टाईम कहाँ, सिर्फ हँसो और हँसाओ।

मनुष्य को जब भी अवसर मिले, खूब हँसना चाहिए। जो हँसना नहीं जानता वह जीवन जीना नहीं जानता। हँसी और मुस्कान तो सुख की आधारशिला है। जो हँस सकता है मुस्कुरा सकता है वह अस्सी वर्ष की आयु में भी युवा है। इसके विपरीत जो मुँह लटकाए मन-मलिन और उदास रहता है वह बीस वर्ष की आयु में भी बूढ़ा है।

हास्य व्यक्ति का सच्चा सेवक, मित्र, साथी और सहचर सब कुछ है जो इसको अपने साथ लेकर चलता है, वह हमेशा जी भर जीते हुए सुख और आनन्द से चलता है।

धनकुबेर जेकुक की सुख-सृमृद्धि का राज़

अमेरिकन धनकुबेर जेकुक से उनकी सुख-समृद्धि का राज पूछा गया तो वे बोले कि मेरी सुख-समृद्धि का एक ही रहस्य है वह है मेरी मुस्कुराहट। मैं हर हालत में मुस्कुराता रहता हूँ। यह नहीं कि मेरे जीवन में मुसीबतें कभी न आई हो। भला वह भी कोई ज़िन्दगी है। जिसमें एक बार भी मुसीबत न आई हो। मुसीबत मेरे पास भी आई, उसने मुझे खाली कर दिया। मेरी करोड़ों की सम्पत्ति समाप्त हो गई। मेरा व्यापार चैपट हो गया। मुसीबत ने मेरा सब कुछ छीन लिया, किन्तु मेरे मन की प्रसन्नता और मेरे सुख की मुस्कान नहीं छीन सकी। इसीलिये उसे मेरे सामने पराजित होना पड़ा और मेरी सम्पत्ति भी लौट आई।

मुनि तरुणसागर जी का कथन है :-

रूपया पैसा चला जाये परेशान मत होना।
गाड़ी घोड़ा चला जाये, परेशान मत होना।
काम धंधा चला जाये, परेशान मन होना।
यहाँ तक कि बीबी बच्चे चले जाये,

तब भी परेशान मत होना।
बस आपसे गुज़ारिश है कि
चेहरे की मुस्कुराहट मत जाने देना,
क्योंकि मुस्कुराहट रहेगी तो,
धीरे-धीरे सब जुट जायेंगे
मुस्कुराते रहिये क्योंकि,
मुस्कुराता हुआ चेहरा,
कभी आउट ऑफ फैशन नहीं होगा।

मुस्कान में चुम्बकत्व

ईश्वर प्रदत्त सौन्दर्य किसी को ही प्राप्त होता है, लेकिन हर कोई अपने हाथों अपना प्राकृतिक सौन्दर्य और बढ़ा सकता है। मुस्कान का अभ्यास करने पर यह विशिष्ट उपलब्धि किसी को भी मिल सकती है। दाँत कितने ही कुरूप क्यों न हो, जब तक वे कमल पुष्प की तरह खिलते हैं तो अत्यन्त सुन्दर लगते हैं। मुस्कुराते होंठो की तुलना अन्य किसी सौन्दर्य प्रसाधन से नहीं की जा सकती। चेहरे को सुसज्जित करने के लिए केश सज्जा, रंग-रोगन तथा कई तरह के पावडर, क्रीम आदि का उपयोग किया जाता है, पर उन सबसे उत्कृष्ट और बिना मूल्य का उपाय सहज मुस्कान से बढ़कर और कुछ भी नहीं हो सकता। यह ऐसा चुम्बकत्व है जिससे हर किसी का मन आकर्षित होकर हर किसी की ललचाई दृष्टि पड़ती है। मुस्कुराते होठों की भी ऐसी ही विशेषता व शोभा है।

मुस्कुराहट - पराए को अपना बनाएँ

स्वामी रामतीर्थ सेनफ्रांसिस्को बन्दरगाह पर जहाज के डेक पर टहल रहे थे। एक अमेरिकन सहयात्री स्वामीजी को अनूठे भारतीय साधु के वेश में देखकर उनके पास आया और उनसे बोला- "स्वामीजी क्या आप यहाँ उतरेंगे। आपका सामान कहाँ है"? स्वामी रामतीर्थ ने अपने थैली की पुस्तकों और अपने वस्त्रों की ओर इशारा करते हुए कहा कि मेरे पास बस यही सामान है।

अमेरिकी ने कहा- "आप रुपया पैसा कहाँ रखते हैं"?

स्वामीजी ने कहा- "मेरे पास रुपया पैसा नहीं है।" स्वामीजी का यह उत्तर सुनकर पश्चिमी जगत् की सम्पन्नता में पले हुए अमेरिकी को बड़ा आश्चर्य हुआ। फिर उसने स्वामीजी की ओर देखकर कहा- "फिर आपका जीवनयापन किस प्रकार होता है"?

स्वामीजी ने मुस्कुराकर कहा कि "मैं प्राणीमात्र से प्रेम करता हूँ। जब मैं भूखा होता हूँ कोई मुझे भोजन करा देता है। मैं प्यासा होता हूँ तो कोई मुझे पानी पिला देता है।"

उस अमेरिकी की ऐसी त्यागी संन्यासी से कभी भेंट नहीं हुई थी। उसका आश्चर्य और भी बढ़ गया उसने बड़े आश्चर्य से स्वामीजी को देखते हुए कहा- "स्वामीजी अमेरिका में आपका कोई परिचित मित्र है? जिसके यहाँ आप ठहरेंगे।"

"हाँ एक है" और मुस्कुराते हुए स्वामीजी ने उस अमेरिकी के कंधे पर हाथ रख दिया। वह अमेरिकी स्वामजी के मुस्कुराहटपूर्ण व्यवहार को देखकर इतना अधिक प्रभावित हुआ कि उसने स्वामी रामतीर्थ को अपना अतिथि बना लिया। वे अमेरिकी यात्री थे एल्बर्ट हिलर।

महापुरुषों की मुस्कुराहट

कैकेयी ने मर्यादा पुरुषोत्तम राम से उनका वैभव छीन लिया था। राजतिलक के बदले उन्हें वनवास का आदेश मिला, वे वन-वन घूमे। राज्य, महल, वैभव सब कुछ छिन गया पर उनके मुख से मुस्कान न गई। इसीलिये तो वे महामानव व अवतारी बन गये। यही कहानी भगवान महावीर की है। उन्होंने सुदीर्घ तपस्याएँ कीं और अज्ञानवश जनता ने उन्हें धूर्त और पाखण्डी के रूप में देखा। उन पर दुःखों के पहाड़ ढहाए। किसी ने उनके कानों में कील ठोकी। किसी ने उन्हें दुष्ट समझकर बाँध दिया। पशु जगत् भी उनके दुश्मन बना और पैरों पर डंक मारा। इन विपत्तियों के भीषण क्षणों में भी उनके चेहरे की मुस्कुराहट समाप्त नहीं हुई, इसीलिये वे महावीर बने।

महात्मा गाँधी ने एक बार कहा था कि "यदि मैंने मुस्कुराना न सीखा होता तो कभी की आत्महत्या कर ली होती।"

जीवन की खूबसूरत तस्वीर

ज़िन्दगी एक कैमरा है, इसके सामने हमेशा मुस्कुराते रहो तभी जीवन की खूबसूरत तस्वीर निकल कर सामने आयेगी। जीवन में उतार-चढ़ाव आते रहते हैं, हर परिस्थिति को जिसने भी मुस्कुरा के जी लिया जीवन उन्हीं का सार्थक है। इसके विपरीत जो जीवन को केवल काँटों का बिछौना समझकर, रो-रोकर गुजरते हैं उनके लिए जीवन बोझ बन जाता है। उसकी ज़िन्दगी नीरस रहती है। वास्तव में ऐसे लोगों को जीने का ढंग ही नहीं आता। ऐसे लोग जीवन को जी नहीं पाते। जीवन को जीना और गुज़ारना दोनों अलग-अलग बातें हैं। न जाने कितने भव संकट झेलकर यह जीवन मिला है। इसे यूँ ही व्यर्थ की चिन्ता, तनाव में गुज़ार देना नासमझी है। हर प्रकार की चिन्ता, दुःख, तनाव की उपेक्षा करके सदा मुस्कुराते रहो।

जो लोग मुस्कुराना नहीं जानते उन्हें कई परेशानियों का सामना करना पड़ता है। अभी कुछ समय पहले एक ख़बर पढ़ी कि कनाडा की इमीग्रेशन अर्थारिटीज ने वहाँ की नागरिकता ले चुके एक भारतीय की पत्नी को सिर्फ इस आधार पर वीसा देने से इंकार कर दिया कि वह पति के साथ फोटो में मुस्कुराने के बजाय तनाव में दिख रही थी। उनका मानना था कि यह 'असली शादी' के बजाय वीसा के लिए किया गया नाटक है। अब बेचारा पति पिछले पाँच साल से यह साबित करने में जुटा हुआ है कि उसकी शादी असली है।

मुस्कुराते हुए करें काम का श्रीगणेश

मनुष्य को सदैव मुस्कुराते रहना चाहिये। जीवन के प्रत्येक कार्य को हमें प्रसन्न मन से मुस्कुराते हुए करना चाहिये। ऐसा करने से हमारी आधी कठिनाइयाँ तो कार्य आरंभ करते ही दूर हो जाती है, क्योंकि ऐसी स्थिति में हम कार्य को भार नहीं समझते। हममें उत्साह बना रहता है और हमारी शक्ति बढ़ जाती है।

इसके विपरीत जब आदमी उदास होकर रोना-सा मुँह लेकर किसी कार्य को आरंभ करता है तो उसके लिये वही कार्य पहाड़ बन जाता है। मन में कोई उत्साह नहीं होता। कार्य करने में उसकी कोई रुचि नहीं होती। उसकी शक्ति आधी रह जाती है।

इस प्रकार देखा जा सकता है कि जीवन के हर क्षेत्र में हास्य मुस्कान का कितना महत्त्व है? निःसंदेह दुनिया के सभी व्यक्ति समान रूप से विनोदप्रिय बन जाएँ और जीवन में मुक्त एवं निश्चल हास्य की प्रतिस्थापना कर सके तो संसार से राग-द्वेष, दुःख तथा ईर्ष्या को भागने में देर नहीं लगेगी और जीवन आनन्द और उल्लास से परिपूर्ण हो सकेगा। लोग जी भर जी सकेंगे।

*

8.

अप्रिय प्रसंग भूलें और क्षमा करें

कड़वी गोलियाँ चबाई नहीं जाती, निगली जाती है। उसी प्रकार जीवन में अपमान, धोखा, अप्रिय प्रसंग कड़वी बातों को सीधे ही गटक जाना चाहिए। उन्हें चबाते रहेंगे यानी याद करते रहेंगे तो हमारा जीवन भी कड़वा हो जायेगा।

- एकहार्ट टॉल्स विख्यात लेखक

अप्रिय प्रसंग हर एक की ज़िन्दगी में कभी-न-कभी घटित होते ही हैं। यदि उन्हें ढूँढकर एकत्रित किया जाए और उन्हीं को स्मरण करते रह जाएँ तो लगेगा कि सारी ज़िन्दगी दुःख के सहते-सहते असफल बीत गई। इसके विपरीत यदि मधुर प्रसंगों को ढूँढा जाए तो वे भी इतने अधिक दिखाई पड़ेंगे जिनके आधार पर जी भर जीवन जीने पर गर्व किया जा सके। एक स्मृति दुःखी बनाती है और दूसरी के कारण होंठों पर मुस्कान दौड़ने लगती है। दोनों में किसका चुनाव करना वह निर्णय आपको करना है।

चलिए ज़िन्दगी का ज़श्न कुछ इस तरह मनाते हैं, कुछ अच्छा याद रखते हैं, कुछ बुरा भूल जाते हैं। कुछ लोग ऐसे भी होते हैं जो बरसों पुरानी अप्रिय बातों और घटनाओं को अपनी यादों में संभाल कर रखते हैं। हर अपमान, हर तिरस्कार और कटु शब्द को वे प्राचीन पुरालेख संग्रहालय की तरह अपने दिल में अंकित रखते हैं। वे ऐसी बातों को बार-बार याद करते रहते हैं और बार-बार गुस्से से उबल पड़ते हैं और दुःखी होते हैं।

अजीब दस्तूर है लोगों का अच्छी यादों को तो फोटो और सी.डी. में संभालकर रखते हैं और ख़राब, अप्रिय बातों को दिल में बसाकर रखते हैं।

दिल में किसी के प्रति बुरे विचार या अप्रिय बातों को रखने से आप चिन्ता और तनावग्रस्त रहते हैं और यह तनाव आपके स्वास्थ्य पर भी बुरा असर डालता है, लेकिन माफ़ कर देने पर सभी समस्याएँ स्वतः सुलझ जाती हैं।

किसी ने ठीक ही कहा है- "किसी से बदला लेने की खुशी तो दो-चार दिन ही रहेगी, पर किसी को माफ़ कर देने का सुकून ज़िन्दगी भर रहेगा।"

रोज़ाना की ज़िन्दगी में हम देखते हैं कि घर हो या ऑफिस, बाज़ार हो या बस या रेल का सफ़र, अप्रिय बातचीत और कड़वे शब्दों का लेन-देन हो ही जाता है। ऐसी खरोंचे रोज़ लग ही जाती हैं, अब यह आप पर निर्भर करता है कि इन खरोचों को आप अपने आप ही भर जाने दें या फिर इन्हें सहला-सहला कर नासूर बना लें।

किसी ने ठीक ही कहा है -

सुखद यादों के मंज़र हैं ज़िन्दगी में इतने
तो कुछ दुःखद बातों का हिसाब क्यों रखें?
मिले हैं फूल यहाँ इतने अपनों से
फिर काँटों की चुभन का हिसाब क्यों रखें।।

भूलो और क्षमा करो

आपके साथ किसी व्यक्ति ने अच्छा व्यवहार नहीं किया और आपको अपमानित महसूस कराया। आप क्रोध से भर गए। रात भर नींद नहीं आई और सोचते रहे कि कैसे उस नीच व्यक्ति को नीचा दिखाया जाए, अपमान का प्रतिशोध लिया जाए। दूसरे दिन भी आपकी भूख, प्यास ग़ायब और आँखें लाल सूर्ख। अचानक वह व्यक्ति आपके घर आता है और विनम्रतापूर्वक स्पष्टीकरण देते हुए अपनी ग़लती के लिए माफ़ी माँग लेता है। इससे आपको कितनी शांति मिलेगी। आपको ऐसा महसूस होगा मानों उफनते हुए दूध पर पानी डाल दिया हो। पिछली रात को जाग कर उसे नीचा दिखाने और प्रतिशोध लेने की जो योजना बनाई थी उस पर आपको हँसी आए बिना नहीं रहेगी और आप सोचने लगते हैं कि यह व्यक्ति बुरा तो नहीं है। वह भी तो आखिरकार इंसान

ही है। ग़लती कर बैठा, तो बेचारे ने ग़लती मान ली, फिर इतना क्रोधित होने की क्या आवश्यकता थी। ठीक इसी प्रकार उस व्यक्ति को भी क्षमा माँगने के बाद अपराध बोध से मुक्त होने पर मन को शांति मिलेगी, सुकून महसूस होगा।

अमेरिकन मनोवैज्ञानिक विलियम जेम्स ने क्षमा को सबसे महान् पुण्य बताते हुए लिखा है कि ग़लती करना मानवीय भूल है, लेकिन क्षमा कर देने वाला दिव्य पुरुष होता है।

किसी ने ठीक ही कहा है -

नाखुशी को खुशी में बदलने की कला सीखो।
रूदन को गीत में बदलने की कला सीखो।
अगर हर पल भरपूर ज़िन्दगी जीना है तो
क्षमा से बैर को प्रीति में बदलना सीखो।।

क्षमा प्रेम का परिधान, विश्वास का निधान, सृजन का सम्मान और नफ़रत का निदान है। क्षमा दिलेरी के दीपक में दया की ज्योति है और अहिंसा की अँगूठी में मानवता का मोती है। ग़लती होने पर क्षमा माँगते चलो और ग़लती करने वाले को क्षमा बाँटते चलो। दुःखों से छुटकारा पाने और सुखी जीवन जीने की यही कमान है।

मुंशी प्रेमचन्द ने अपने उपन्यास में एक जगह लिखा है कि क्षमा मानवीय भावों में सबसे ऊपर है। दया का स्थान इतना ऊँचा नहीं है। दया वह दाना है जो काँटों में उगता है। दया वह धारा है जो समतल भूमि पर बहती है। इसके विपरीत क्षमा कंकरों और चट्टानों में बहने वाली धारा है। दया का मार्ग सीधा और सरल है। क्षमा का मार्ग टेढ़ा और कठिन है।

"क्षमा कर देना" बहुत प्रभावशाली स्वर है। इससे आपके दिल के जख़्म भर सकते हैं और दूसरों के लिए प्रेम का रास्ता बना सकते हैं। यह हमें दूसरों से गहरे और भावनात्मक रिश्ते जोड़ता है। हमें क्षमा इसलिए नहीं करना चाहिए, क्योंकि हम कमज़ोर है, बल्कि इसलिए क्षमा करना चाहिए कि हममें समझने की क्षमता है।''

गटकें कड़वे प्रसंग, चबाते रहे मधुर प्रसंग

एक बार दो दोस्त साथ-साथ राजस्थान के रेगिस्तान में चले जा रहे थे। रास्ते में दोनों में कुछ तू-तू, मैं-मैं हो गई। बहसबाज़ी में बात यहाँ तक बढ़ गई कि उनमें से एक दोस्त ने दूसरे दोस्त के गाल पर ज़ोर से झापड़ मार दिया। जिस दोस्त को झापड़ पड़ा उसे बहुत दुःख तो हुआ, किन्तु उसने कुछ कहा नहीं। वह झुका और उसने वहाँ पड़ी बालू रेत पर लिखा कि आज मेरे सबसे प्रिय दोस्त ने मुझे झापड़ मारा।

दोनों दोस्त आगे चलते रहे और उन्हें एक छोटा-सा तालाब दिखा और उन दोनों ने पानी में तैरकर नहाने का निर्णय लिया। जिस दोस्त को झापड़ पड़ा था, वह दल-दल में फँस गया और डूबने लगा, किन्तु दोस्त ने उसे बचा लिया। जब वह बच गया तो बाहर आकर उसने एक पत्थर पर लिखा कि आज मेरे प्रिय दोस्त ने मेरी जान बचाई।

जिस दोस्त ने उसे झापड़ मारा था फिर उसकी जान बचाई थी उससे न रहा गया और उसने पूछा कि जब मैंने तुम्हें मारा था तो तुमने बालू पर लिखा था और जब मैंने तुम्हारी जान बचाई तो तुमने पत्थर पर लिखा ऐसा क्यों? इस पर दूसरे दोस्त ने जवाब दिया कि जब कोई हमारा दिल दुखाए तो हमें उस अनुभव के बारे में बालू पर लिखना चाहिए, क्योंकि उस चीज़ को भूला देना ही अच्छा है। क्षमारूपी वायु उसे शीघ्र ही मिटा देगी, किन्तु जब कोई हमारे साथ अच्छा करे, हम पर उपकार करे तो हमें उस अनुभव को पत्थर पर लिख देना चाहिए, जिससे उसे कोई जल्दी न मिटा सके।

कनफ्यूशस ने ठीक ही कहा है- "किसी के द्वारा ठगा जाना, धोखा दिया जाना, तिरस्कृत या अपमानित किया जाना दुःख नहीं पहुँचाता। उस घटना को मन में घोटते रहना ही पीड़ा पहुँचाता है, दुःखी करता है। घटना तो घट चुकी है, अब आप पर निर्भर है कि उस अपमान और अप्रिय पीड़ा भरी बात को आप पत्थर पर बनी लकीर की तरह अनंत समय तक अपनी यादों में अमिट बना

रखते हैं या बालू रेत पर खींची गई लकीर की तरह 15-20 मिनिट के बाद ही मिट जाने देते हैं अथवा फिर पानी में खींची गई लकीर की तरह एक क्षण में उसे भुला कर सहज हो जाते हैं। याद रखिए हमारा मस्तिष्क किसी बात को याद रख सकता है तो भुला भी सकता है। यदि आप जीवन में सुखी और प्रसन्न रह जी भर जीना चाहते हैं तो उन खयालों को सँजोकर रखें जिनसे आपको खुशी मिलती है। उन ख़्यालों, घटनाओं को दिमाग से बाहर निकाल दें जो आपके दिल को ठेस लगाती है और आपको बेचैन करती है।

मधुर प्रसंगों का अचार बनाइए और उसे सालों-साल रखिए। अप्रिय प्रसंगों की चटनी बनाइए और उसे-एक दिन में खाकर ख़त्म कर दीजिए। आपका जीवन खुशियों से लबालब हो जायेगा।

नेकी कर कुँए में डाल

हकीम लुकमान से किसी ने पूछा कि दुनिया में इंसान को सुखी जीवन जीने के लिए क्या करना चाहिए? हकीम लुकमान ने प्रश्नकर्ता के प्रश्न का उत्तर देते हुए कहा कि संसार में सुखी जीवन जीने के दो उपाय हैं। पहली बात तो यह है कि अगर किसी ने भी कभी तुम्हारा बुरा किया है या ग़लत व्यवहार किया है तो भूल जाओ। दूसरी बात अगर तुमने किसी पर कोई अहसान किया है तो उसे भी भूल जाओ। ये दोनों बातें याद रखने की नहीं है। दोनों भूलने की है।

किसी ने तुम्हें गाली दी एक और तुम उसे याद करते हो बार-बार होगा क्या? हज़ार गाली समझो तुम खुद अपने को दे रहे हो, जबकि जैसे-जैसे समय बीतता जाएगा जो घाव हरे थे वह अपने आप भरने लगेंगे। मगर तुम बार-बार उस गाली को याद करके उस हरे घाव को कुरेदते हो और ज़्यादा हरा करते हो, भूलने की कोशिश करे तो शान्ति आयेगी, सुख मिलेगा, आनन्द मिलेगा। इसी तरह तुमने किसी पर कोई अहसान किया है तो उसे भी भूल जाओ- "नेकी कर कुँए में डाल दो" उस अहसान का बदला कोई चुकाए या न चुकाए, उसकी इच्छा।

बीती ताहि बिसारि दे

किसी व्यक्ति ने जाने-अनजाने, भूलवश या असावधानीवश कुछ ऐसे काम कर डाले हैं जो पाप की श्रेणी में आते हैं। ऐसे किसी भी दुष्कृत्य या पापकर्म पर मनुष्य को बाद में पश्चाताप आवश्यक होता है और एक सीमा तक आवश्यक भी है। जब मनुष्य भविष्य में वैसा न करने का संकल्प करता है, पाप कर्मों से बचने के लिए भूल सुधार का दृढ़ प्रयत्न करता है, ऐसी स्थिति में पश्चाताप मनुष्य का पाप से उद्धार भी कर देता है, लेकिन जब पश्चाताप सीमा से अधिक बढ़ जाता है तब आत्मग्लानि का रूप धारण कर लेता है। आत्मग्लानि में मनुष्य सुधार की ओर अग्रसर नहीं होता, वरन् अपने आपको पापी, दुराचारी मान बैठता है। वह अपने आपको पापी, दुष्ट समझकर धिक्कारता रहता है। इस तरह के लोग जीवन भर आत्मग्लानि में डूबे रहते हैं। उनकी महत्त्वाकांक्षाएँ, आशा, अभिलाषाएँ, उमंग असमय मुरझा जाती है। किसी पाप पर जीवन भर पश्चाताप करते रहते हैं और दुःखी बने रहते हैं, जबकि पिछली भूल से शिक्षा लेकर आगे के लिए उसका सुधार कर लेना और फिर पाप की भावना सदा के लिए भूला देना, पश्चाताप का सच्चा स्वरूप है।

मैन्सफील्ड का कथन है- "आप इसे ज़िन्दगी का नियम बना लें कि बीती हुई बातों को भूल जाएँगे। कभी पश्चाताप नहीं करेंगे। बिगड़ी हुई बातों को याद करना कीचड़ में सने रहने के समान है।" भूतकाल में हमसे जो कुछ भी बुराई हो गई हो उसे 'बीती ताहि बिसारि दे' के अनुसार भुलाने में ही कल्याण है।

अप्रिय प्रसंगों को डालें 'डस्टबिन' में

एक महिला को मोबाइल चलाते-चलाते एक दिन कुछ दिक्कत आई। उसने जानकार व्यक्ति से इसका कारण पूछा। जानकार व्यक्ति ने जो कारण बताया उसके निदान से न केवल मोबाइल स्मूथली चलने लगा, वरन् महिला के दिल-दिमाग में ख़ुश रहने के मूलमंत्र के रूप में एक सकारात्मक सोच पैदा कर दी।

एक दिन देखती हूँ- मोबाइल चलते-चलते कभी धीरे चलने लगता है तो कभी हैंग होने लगता है।

एक जानकार ने बताया- "इसे हल्का करना ज़रूरी है फोनओवरलोड हो गया है। इसलिए चलने में दिक्कत करता है।"

मैंने बेकार की तस्वीरें, फाइलें, डाटा डिलीट कर दिए।

चमत्कार-सा हो गया, फोन चलने ही नहीं दौड़ने लग गया।

फोन क्या चलने लगा दिमाग का इंजन दौड़ने लगा।

मन में आया- यदि अनपेक्षित सामग्री मिटाने से एक निर्जीव फोन तीव्रगति से चल सकता है तो दिल-दिमाग में भरी हुई, जमी हुई, अनावश्यक यादगारें, अप्रिय घटनाएँ, विरोध की भावनाएँ आदि सारी नकारात्मकता मिटा दी जाए, भुला दी जाए, डस्टबिन में डाल दी जाए तो दिल दिमाग सत् विचारों, सकारात्मकताओं के लिए खाली हो जाए। ज़िन्दगी बहुत छोटी है फिर क्यों न, इसका एक-एक पल भरपूर आनन्द से जिया जाए।

किसी शायर ने क्या खूब कहा है -

जीवन बहुत छोटा है उसे जी भर जियो,
प्रेम दुर्लभ है उसे पकड़कर रखो।
अप्रिय प्रसंग दुःखद है डस्टबिन में रखो,
सुखद प्रसंगों को सँजोकर अपने मन में रखो।

*

9.

धैर्य की डोरी से लगाएँ अधीरता पर लगाम

"जो आपको अपने से जितना ज़्यादा आगे दिख रहा है, वह उसी अनुपात में आपसे ज़्यादा धैर्यवान है।" जीवन में चाहे किसी भी तरह की परेशानी हो, उसे आसानी से पार किया जा सकता है, बशर्ते व्यक्ति में हड़बड़ी न हो और वह ठहरकर परिस्थितियों पर चिंतन कर सकता हो।

- वॉरेन वफे, दुनिया का प्रमुख धनवान

धैर्य रखना केवल एक अच्छा गुण ही नहीं है, बल्कि यह एक कौशल भी है। धैर्य को अंग्रेज़ी में पेशेन्स कहते हैं, जिसका अर्थ है- बिना आपा या उम्मीद खोए, देरी, परेशानी और झुँझलाहट के क्षणों को बिना तनाव में आए सहन करने की क्षमता। हमें हर उस क्षण में धैर्य रखने की आवश्यकता है, जब परिस्थितियाँ हमारे मन मुताबिक नहीं हो रही होती है, तभी हम तनाव का मुकाबल कर सकते हैं। जीवन में विपरीत परिस्थितियों का सामना सभी को करना पड़ता है। किसी को कम तो किसी को अधिक, किसी को आज तो किसी को कल और परिस्थितियाँ ही हमारे धैर्य की परीक्षा की सच्ची कसौटी है। जो लोग जितने अधिक धैर्य की परीक्षा में खरे उतरते हैं उतने ही खुशी और उल्लास के भागीदार बनते हैं और टेंशन से मुक्त रहते हैं।

वर्तमान युग में मनुष्य जितना बेचैन है, अधैर्यवान है, उतना कभी नहीं देखा गया। हर समय भागमभाग, प्रत्येक काम में उतावला और अधीरता ने मनुष्य के मस्तिष्क को खोखला कर उसे चिन्ताग्रसित कर दिया है।

अधीर व्यक्ति हर काम को चुटकी बजाते पूरा कर जल्दी से जल्दी अपनी मेहनत का फल पाना चाहता है। यदि काम उसकी योजना के अनुसार नहीं

चलता तो उतावली में कुछ का कुछ करने लगता है या फिर काम अधूरा छोड़ देता है, दोनों ही स्थिति में परेशान नाखुश और तनावग्रस्त रहता है, जबकि जीवन की हर समस्या ट्रैफिक की लालबत्ती की तरह है। यदि हम थोड़ा-सा धैर्य रख लें तो वह हरी हो जाती है।

इच्छा पूरी नहीं होती तो क्रोध बढ़ता है और इच्छा पूरी होती है तो लोभ बढ़ता है। इसलिये जीवन की हर स्थिति में धैर्य बनाए रखना ही श्रेष्ठता है।

डॉक्टर डेनिस का कहना है कि- आज दुनिया तेज गति की दीवानी भले ही हो, किन्तु इस अधीरता से लोगों का सुख-चैन छिन गया है और इसने अनेक बीमारियों को जन्म दिया है उनमें से एक है तनाव।

इसलिए कहा गया है -

कारज धीरे होतु है, काहे होती अधीर,
समय पाय तरवर फलै, केतन सीचों नीर।

सब्र की सवारी से यात्रा करें

धैर्यरहित स्थिति यानी अधीरता में छोटा कार्य भी बड़ा हो जाता है। वस्तु हाथ में है पर अधीरता के कारण वह इधर-उधर ढूँढ़ता-फिरता है। चश्मा आँखों पर लगा हुआ है, पर वह चारों तरफ ढूँढ़ता-फिरता है। अधीर व्यक्ति को कर्तव्य और अकर्तव्य का भी भान नहीं रहता है। वह अनुचित कार्य करने में भी पीछे नहीं रहता। शक्तिशाली व्यक्ति भी अधीरता से कमजोर बन जाता है। तेजी से चलने वाली मोटर को भी ड्रायवर मोड़ के स्थान पर धीमी कर देता है। यदि ऐसा धैर्य ड्रायवर में न हो तो मोटर को ख़तरा हो सकता है। हमारे देश में रात-दिन बड़ी संख्या में होने वाले एक्सीडेन्ट का सबसे बड़ा कारण, व्हीकल चालक की अधीरता है। स्पीडब्रेकर कितना भी बड़ा हो गति धीमी करने से झटका नहीं लगता। इसी तरह मुसीबत कितनी भी बड़ी क्यों न हो धैर्यपूर्वक विचार करने पर जीवन में उसके झटके नहीं लगते।

किसी ने धैर्य (सब्र) के बारे में ठीक ही कहा है- 'सब्र एक ऐसी सवारी है जो अपने सवार को कभी भी गिरने नहीं देती। न किसी के कदम में न किसी की नज़रों में।'

धैर्य की शक्ति का रहस्य - एक व्यक्ति ने रूस के विद्वान् लेखक टालस्टॉय से पूछा "आपकी सफलता का रहस्य क्या है।"

टालस्टॉय ने बताया कि- "बेटे इस रहस्य का नाम धैर्य।"

टालस्टॉय ने मुस्कुराते हुए आगे कहा कि "दुनिया में ऐसा कोई कार्य नहीं है जिसे पूरा न किया जा सके, बशर्ते कि करने वाले में धैर्य हो।"

युवक ने कहा- "लेकिन एक काम ऐसा भी है, जो बहुत धैर्य रखने के बावजूद नहीं किया जा सकता।"

टालस्टॉय ने पूछा "वह क्या'?

युवक ने कहा "छलनी में पानी भरना।'

टालस्टॉय ने मुस्कुराते हुए कहा- "अरे! इसमें क्या बड़ी बात है। इसे भी किया जा सकता है, बशर्ते पानी के जमने तक कोई धैर्य रख सके।"

धैर्य धारण करने का तात्पर्य है अपने अन्दर हज़ार गुणों को आत्मसात् करना यह किसी तपस्या से कम नहीं।

किसी ने ठीक ही कहा है -

"ज़िन्दगी में समस्याओं और नाखुशी के बादलों को हटाने और जी भर जीने के लिए हमें धैर्य की रोशनी जलानी ज़रूरी है।"

बेंजामिन फ्रेंकलिन का कथन है कि जिसके पास धैर्य है, वह जो कुछ इच्छा करता है, उसे प्राप्त कर सकता है।

धैर्य रखें, यह समय भी गुज़र जायेगा

एक धनाढ्य वृद्ध व्यक्ति को डॉक्टर ने बताया कि उसकी ज़िन्दगी पाँच महीने से ज़्यादा नहीं बची है। इस वृद्ध व्यक्ति के चार बेटे थे। उसने चारों को अपने पास बुलाया। उसने वसीयत में भी चारों को बराबर सम्पत्ति बाँट दी, लेकिन सबसे छोटे बेटे को उसने उपहार में एक अँगूठी अलग से दी। उसने कहा- "तुम मेरे तीनों बेटों में सबसे छोटे हो और अभी तुम्हें बड़े भाईयों के बराबर अनुभव नहीं है इसलिये मैं तुम्हें यह अँगूठी दे रहा हूँ। जब तुम खुद को किसी संकट या मुश्किल में पाओ या कोई परेशानी आये, तब तुम इस अँगूठी

का इस्तेमाल करना। इससे पहले इसका इस्तेमाल नहीं करना और यह बात किसी को बताना भी नहीं।"

सबसे छोटे बेटे ने अँगूठी पहन ली और फिर वह अपने काम में इतना व्यस्त हो गया कि इसके बारे में भूल गया। चारों बेटों ने अपना-अपना व्यवसाय जमा लिया और छोटा बेटा शिपिंग लाईन यानी नौ-परिवहन के काम में लग गया। एक बार एक सप्ताह के भीतर ही उसके दो जहाज डूब गये। फलस्वरूप उसे अपनी सारी सम्पत्ति से हाथ धोना पड़ा। वह एक ही झटके में सड़क पर आ गया। इस घटना से वह तनावग्रस्त हो गया। उसके मन में आत्महत्या करने का विचार तक आया, लेकिन उसने ऐसा क़दम नहीं उठाया।

घर पर आये कर्ज़दारों के तक़ाज़ों के कारण उसे अपना घर भी बेचना पड़ा। इस मुश्किल से छुटकारा पाने के लिए वह टेंशन में था, तब अचानक उसे अपने पिता का उपहार याद आया। उसने अँगूठी निकाली और गौर से उसकी ओर देखा। उसने देखा कि अँगूठी के पत्थर (नग) पर नीचे की ओर कुछ लिखा हुआ है। उसने लिखे हुए को पढ़ने के लिए तुरन्त अँगूठी रगड़ी। काफी रगड़ने के बाद उसने अनुभव किया कि नंगी आँखों से वह उस लिखे हुए को पढ़ नहीं पाएगा। तब उसने मैग्नीफाईंग ग्लास से देखा, जो उस पर शब्द लिखा था, उन शब्दों ने उसकी पूरी ज़िन्दगी ही बदल दी। उस पर लिखा था- "मेरे बेटे! धैर्य रखो, यह समय भी गुज़र जायेगा।" इस छोटे-से वाक्य ने उसकी ज़िन्दगी बदल दी। पिता के छोटे-से सकारात्मक वाक्य प्रेरणा पा बेटा निराशा छोड़ पूरे उत्साह व लगन से व्यवसाय में जुट गया और कुछ ही वर्षों में उसने पहले से भी ज़्यादा सम्पत्ति अर्जित कर ली।

शिष्य खुशी-खुशी जल भर के लौटा

भगवान बुद्ध को प्यास लगी थी उनका एक शिष्य पास की पहाड़ी पर पानी लेने गया, लेकिन उसने देखा कि झरने से कुछ बैलगाड़ियाँ गुज़री हैं जिसमें सारा पानी मैला हो गया है। शिष्य वापस लौट आया और भगवान से बोला -

"मैं, पीछे छूटी नदी से पानी ले आता हूँ। इस झरने का पानी बैलगाड़ियों

के गुज़रने से गंदा हो गया है", किन्तु भगवान ने शिष्य को वापस उसी झरने पर से पानी भरने को भेजा, लेकिन तब भी पानी साफ़ न होने की वजह से शिष्य बिना जल लिए लौट आया। ऐसा तीन बार हुआ, परन्तु चैथी बार शिष्य हैरान रह गया, जब उसने देखा कि झरने के सब सड़े-गले पत्ते नीचे बैठ चुके हैं। सारी मिट्टी और काई बहकर जा चुकी है। जल आईने की तरफ साफ़ और स्वच्छ हो गया है। शिष्य इस बार खुशी-खुशी जल भर के लौटा।

भगवान बुद्ध ने शिष्य से कहा - "हमारे जीवनरूपी जल को भी अधैर्य के विचारों की बैलगाड़ियाँ गंदा कर देती है। यानी बने बनाए काम को बिगाड़ देती है, लेकिन मन के इन विचारों की गंदगी से भागना नहीं चाहिए, बल्कि मन की झील को धैर्य के साथ पानी की तरह कुछ देर शान्त होने का समय दें तो सब कुछ ठीक-ठाक हो जायेगा।"

धैर्य के बारे में एक विद्वान् का कथन है - "परिवार के साथ धैर्य प्यार कहलाता है। औरों के धैर्य सम्मान कहलाता है। स्वयं के साथ धैर्य आत्मविश्वास कहलाता है और भगवान के साथ धैर्य आस्था कहलाता है।"

रूसों का कथन है कि धैर्य कड़वा होता है, लेकिन उसका फल मीठा होता है, बहुत-से कार्यों में हमें धैर्य रखना होता है। हम खेत में बीज बोते हैं तो अनाज पैदा होने की प्रतीक्षा करनी पड़ती है।

कवि रहीम ने ठीक कहा है -

धीरे-धीरे रे मना, धीरज में सब होय।
माली सीचें सौ घड़ा, रितु आये फल होय।।

अधीरता और वृद्धावस्था

नेशनल यूनिवर्सिटी ऑफ सिंगापुर के शोधकर्ताओं ने महिलाओं की आयु और धैर्य के बीच के सम्बन्ध का अध्ययन किया। शोधकर्ताओं ने पाया कि जल्दी अधीर हो जाने वाली युवा महिलाओं के शरीर की कोशिकाएँ अन्य की तुलना में जल्दी कमजोर होने लगती है। शोध के दौरान चीन में ग्रेजुएट स्तर की 1158 लड़कियों को शामिल किया गया। उनके धैर्य को परखने के लिए एक

विशेष प्रकार के खेल का आयोजन किया। अध्ययन में पाया गया कि अधीर महिलाओं का ल्यूकोसाइट टेलीमर्स का आकार छोटा होता है। टेलीमर्स का कोशिकाओं के टूटने में अहम् भूमिका होती है। प्रायः बड़ी उम्र में टेलीमर्स छोटे होते हैं।

धैर्य से दोस्ती कर जिए सुकून भरी ज़िन्दगी

मनोमस्तिष्क में अधीरता और हडबड़ी की प्रक्रिया से शरीर बुरी तरह प्रभावित होता है, इस बारे में मनोचिकित्सकों का कहना है कि-

उतावलापन या अधैर्य एक प्रकार का मनोरोग है, तनाव का जन्मदाता है, जिसमें एंड्रीलन ग्रंथियों में आवश्यकता से अधिक स्राव होने लगता है। झल्लाने, चिढ़ने, क्रोधित होने, बात-बात पर आगबबूला हो उठने से यह रोग और बढ़ता है। अतः शांत चित्त और मधुर व्यवहार की यदि आदत बना ली जाय तो अधैर्य या उतावलेपन की व्याधि से सहज ही छुटकारा पाया जा सकता है।

कुछ लोग यह सोचते हैं कि धैर्य का मतलब धीमी गति से कार्य करना होता है। वास्तविकता यह नहीं है। व्यक्ति जब किसी कार्य को हड़बड़ी में करने का प्रयत्न करता है तो वह सत्य और वास्तविकता को महसूस नहीं कर पाता और बेचैनी में किए गए कार्यों के कारण कई बार उसे निराशा और तनाव का सामना करना पड़ता है।

अन्त में कहा जा सकता है कि धैर्य मनुष्य का सबसे बड़ा मित्र है। जिसने इससे दोस्ती की उसे जीवन की सारी खुशियाँ प्राप्त हो सकती हैं और वह सुकूनभरी ज़िन्दगी जी सकता है।

*

10.

खुशियाँ बटोरे ही नहीं बाँटे भी

देने से हमारे अन्दर देवत्व की अभिवृद्धि होती है जो दूसरों को देता है उसे प्रकृति उससे कई गुना अधिक वापस करती है। देने से ही हमारे अन्दर देवत्व का जागरण होता है, जिससे हमारा जीवन भी महक उठता है, खिल उठता है।

- श्रीराम शर्मा आचार्य

आज मनुष्य दुःखी, परेशान और बेचैन क्यों है? वह जीवन जी भर क्यों नहीं जी पा रहा है? इसका एकमात्र कारण है स्वार्थ। महत्त्वाकांक्षा, भौतिक सुख-सुविधाएँ पाने की ललक ने इंसान को अत्यधिक स्वार्थी बना दिया है। मनुष्य तन के लिए भौतिक सुख खोजता है, लेकिन अपने मन को बेचैन रखता है। इसके कारण उसका जीवन नर्क बन जाता है। स्वार्थ अन्ततः दुःख ही देता है। स्वार्थ से छुटकारा पाने के बजाय इस पर नियंत्रण आवश्यक है। स्वार्थ की सीमा तय नहीं की जा सकती है, किन्तु परमार्थ के माध्यम से इसके कुप्रभाव को कम कर सकते हैं। यदि आप अपने बारे में दिनभर सोचते हैं तो दूसरे के लिए भी थोड़ा समय निकालें। अपने साथ ज़रूरतमंदों पर भी पैसा ख़र्च करें। अपने लिए भगवान से रोज़ कुछ ना कुछ माँगते हैं तो किसी दिन किसी दुःखी के लिए भी दुआओं का प्रार्थना पत्र लगाएँ। खुशियाँ बटोरने से नहीं, अपितु बाँटने से बढ़ती है। स्वार्थ से जो खुशी मिलती है वह क्षणिक होती है। परमार्थ से पायी खुशी मन की गहराई तक जाती है उसे लंबे समय तक महसूस कर सकते हैं।

किसी ने ठीक ही कहा है-

मुट्ठियों में क़ैद है जो खुशियाँ वह बाँट दो यारो।
ये हथेलियाँ तो एक दिन वैसे भी खुली ही जाना हैं।

वत्स क्या तुमने कभी किसी को कुछ दिया है? - भगवान बुद्ध

एक बार भगवान बुद्ध किसी गाँव में प्रवचन दे रहे थे। दूर-दूर से लोग उनके प्रवचन सुनने को आए थे। उनके प्रवचन सुनकर कई लोगों ने एक नई जीवन दृष्टि पाकर पवित्र जीने का संकल्प लिया था। कई लोग एक गाँव की गलियों से होकर बुद्ध के प्रवचन सुनने जा रहे थे। गाँव की उस गली में एक गरीब व्यक्ति भी रहता था।

एक दिन उस गरीब व्यक्ति ने भी भगवान बुद्ध से मिलने का निश्चय किया। दूसरे ही दिन वह उस स्थल पर पहुँच गया जहाँ बुद्ध के प्रवचन चल रहे थे। वहाँ जाकर उसने देखा कि लोग अपनी समस्याओं व परेशानियों के समाधान को लेकर भगवान बुद्ध से मिल रहे हैं। भगवान बुद्ध बड़े ही शांत मन से उन सबकी बातें सुनकर उन्हें समाधान बता रहे थे। वह गरीब व्यक्ति भी अपनी बारी की प्रतीक्षा कर रहा था।

अन्ततः उस व्यक्ति की बारी आ गई। वह भी अब तथागत के सम्मुख खड़ा था। उन्हें नमन करते हुए वह व्यक्ति बोला महात्मन्! ईश्वर ने सबको इतनी खुशियाँ दीं हैं धन्य-धान्य दिया है, पर ईश्वर ने मुझे इतनी गरीबी और दुःख-दर्द क्यों दिया है? मैंने भला ऐसा कौन-सा पाप कर्म किया है जिसके कारण मैं गरीबी और दुःखों से भरा जीवन जीने के लिए विवश हूँ। भगवान बुद्ध का उत्तर- उस गरीब की बात सुनकर भगवान बुद्ध करुणा भरे भाव से बोले - वत्स! क्या तुमने कभी किसी को कुछ दिया है? वह बड़े आश्चर्य से महात्मा बुद्ध की ओर देखकर बोला- प्रभु! भला मैं किसी को क्या दे सकता हूँ। मेरे पास किसी को देने को है ही क्या? मैं तो स्वयं बड़ी मुश्किल से अपना व अपने परिवार का भरण-पोषण कर पाता हूँ। कई बार तो हमारे पूरे परिवार को भूखे पेट ही सोना पड़ता है। ऐसे में, मैं भला किसी को क्या दे सकता हूँ ?

यह सुनकर तथागत बोले- भगवान ने तुम्हें सुंदर चेहरा दिया है, जिससे तुम लोगों को मुस्कुराहट दे सकते हो, भगवान ने तुम्हें ज़बान दी है जिससे तुम लोगों की प्रशंसा कर सकते हो, भगवान ने तुम्हें दो हाथ दिए हैं, जिससे तुम लोगों

की मदद कर सकते हो। जिसके पास यह तीन चीज़ें हैं, वह भला गरीब कैसे हो सकता है? तुम लोगों को देना सीख लो, उनकी मदद करना शुरू कर दो। अपनी मुस्कुराहट और प्रशंसा के शब्द लोगों में बाँटना शुरू कर दो। अपने दोनों हाथों से लोगों को जितनी मदद कर सकते हो करना शुरू कर दो। फिर तुम कभी गरीब नहीं रहोगे। यह गरीबी और दरिद्रता हमेशा के लिए तुमसे दूर हो जाएगी। इस कर्म को अपने जीवन में उतारने वाला कभी भी गरीब नहीं रह सकता।

उस व्यक्ति को अब अपनी समस्या का समाधान मिल चुका था। उसे अपने गरीबी और दुःख के कारणों का पता चल चुका था। उस दिन से उसके जीवन की दिशा धारा बदल गई। वह, वह नहीं रहा जो वह अभी-अभी बुद्ध से मिलने के कुछ पल पूर्व तक था। उसकी जीवन दृष्टि बदल चुकी थी और जीवन की दिशा भी। वह भी अब लोगों की सेवा में सहायता में निरत रहने लगा। लोगों को खुशी देकर वह भी प्रसन्न रह भरपूर जीवन जीने लगा। कड़ी मेहनत व पुरुषार्थ के बल पर वह भी औरों की तरह समृद्ध व सुखी हो गया। निश्चित ही हममें से हर कोई अपने जीवन में अपनाकर अनन्त खुशियाँ पा सुकून की ज़िन्दगी जी सकता है।

हम जो बाँट रहे हैं वही तो अपना है

खुद पर ख़र्च करने की बजाय दूसरों पर ख़र्च करने से ज़्यादा खुशी मिलती है। यह निष्कर्ष है ब्रिटिश कोलंबिया यूनिवर्सिटी और हार्वर्ड बिजनेस स्कूल के प्रोफेसरों द्वारा किए अध्ययन का। यह स्टडी कनाडा दक्षिण अफ्रीका और भारत में की गई थी।

जॉन रॉकफेलर अमेरिका के बहुत बड़े उद्योगपति और दानवीर थे। उन्होंने कहा था मैंने इतना पैसा इसलिए कमाया, क्योंकि मुझमें लोगों की मदद करने का जज़्बा था। मैंने लोगों को दिया इसलिए मुझे मिला। यदि मैं सही तरह से पैसा दान करना बंद कर दूँ, तो ईश्वर मुझसे पैसा वापस ले लेंगे।

आप किसी को कुछ दें या उसका किसी प्रकार उपकार करें तो बदले में किसी प्रकार की आशा न रखें। जो कुछ आप देंगे वह हज़ार गुना लौटकर

आएगा, परन्तु उसके लौटने की तिथि नहीं गिनना चाहिए। अपने में देने की शक्ति रखिए, देते चलिए क्योंकि देकर ही फल प्राप्त कर सकेंगे। जो कुछ हम दूसरों को देते हैं, वह हमारी रक्षित पूँजी की तरह जमा हो जाता है। जो अपनी रोटी दूसरों को बाँट कर खाता है उसको किसी बात की कमी नहीं रहती।

ठीक ही कहा गया है -

जो हम बटोर रहे हैं, वह तो एक सपना है।
और जो हम बाँट रहे हैं, वही तो अपना है।

देने का सबक़ सीखे छिपकली से - एक प्रेरक उदाहरण

जब एक छिपकली कर सकती है, तो हम क्यों नहीं? यह जापान में घटी, एक सच्ची घटना है। अपने घर का नवीनीकरण करने के लिए, एक जापानी अपने मकान की दीवारों को तोड़ रहा था। जापान में लकड़ी की दीवारों के बीच खाली जगह होती है यानी दीवारें अंदर से पोली होती हैं। जब वह लकड़ी की दीवारों को चीर तोड़ रहा था, तभी उसने देखा कि दीवार के अंदर की तरफ लकड़ी पर एक छिपकली, बाहर से उसके पैर पर ठोंकी कील के कारण, एक ही जगह जमी पड़ी है।

जब उसने यह दृश्य देखा तो उसे बहुत दया आई पर, साथ ही वह जिज्ञासु भी हो गया। जब उसने आगे जाँच की तो पाया कि वह कील तो उसके मकान बनते समय 5 साल पहले ठोकी गई थी। एक छिपकली इस स्थिति में 5 साल तक जीवित थी। दीवार के अँधेरे पार्टीशन के बीच, बिना हिले-डुले? यह अविश्वसनीय, असंभव और चैंका देने वाला था।

उसकी समझ से यह परे था कि एक छिपकली, जिसका एक पैर, एक ही स्थान पर पिछले 5 साल से कील के कारण चिपका हुआ था और जो अपनी जगह से 1 इंच भी ना हिली थी, वह कैसे जीवित रह सकती है?

अब उसने यह देखने के लिए कि वह छिपकली अब तक क्या करती रही है और कैसे अपने भोजन की ज़रूरत को पूरा करती रही है, अपना काम रोक दिया।

थोड़ी ही देर बाद पता नहीं कहाँ से एक दूसरी छिपकली प्रकट हुई, वह अपने मुँह में भोजन दबाए हुए थी, उस फँसी हुई छिपकली को खिलाने के लिए। उफ़्फ! वह सन्न रह गया। यह दृश्य उसके दिल को अंदर तक छू गया।

एक छिपकली जिसका एक पैर कील से ठुका हुआ था, को एक दूसरी छिपकली पिछले 5 साल से भोजन खिला रही थी। अद्भुत दूसरी छिपकली ने अपने साथी को बचाने की उम्मीद नहीं छोड़ी थी, वह पहले छिपकली को पिछले 5 साल से भोजन करवा रही थी।

अजीब है एक छोटा-सा जंतु तो यह कर सकता है पर हम मनुष्य जैसे प्राणी, जिसे बुद्धि में सर्वश्रेष्ठ होने का आशीर्वाद मिला हुआ है, नहीं कर सकता।

परोपकार विज्ञान की कसौटी पर

आनंद का वास्तविक स्वामी तो परोपकार और त्याग है। यदि हम परमार्थ भी कुछ करते हैं अथवा किसी के लिए हँसते-हँसते कष्ट झेलते हैं तो हमारी आत्मा में कैसा मधुर सुखकर शंखनाद-सा होता है, कितना आंनद होता है। तब उस सुख के सम्मुख सांसारिक सुख किस खेत की मूली हो सकते हैं। इसे आत्मिक आनंद कहते हैं। यह चिरस्थाई, कल्याणकारी तथा सदैव सुखकर है।

किसी को सेवा, मदद और परोपकार से जो सुख मिलता है वह गहरा और सच्चा होता है। उसे खुशी ही नहीं मानसिक शांति भी मिलती है जो कि एक दुर्लभ एहसास है। जिसकी सभी को तलाश रहती है। शायद इसलिए परोपकार को धर्म में शामिल किया गया है। दूसरों की मदद करके आपको जो सुख मिलता है वह न कोरा दार्शनिक कथन है, न ही नैतिक शिक्षा का कोरा पाठ। इसका अपना विज्ञान भी है। जब आप किसी की सहायता करते हैं तो अपने भीतर मनोतृप्ति वाले हार्मोन स्रावित होने लगते हैं जो आपमें सुख, शान्ति का संचार करते हैं।

*

11.

जिज्ञासु प्रवृत्ति रखें, आशा और उमंग के साथ जिएँ

जिज्ञासु कभी बूढ़ा नहीं होता, जीवन से कभी ऊबता नहीं, वह उत्साह और उमंग से भरा रहता है। ज़िन्दगी जीने का ढंग जानता है इसलिए वह जीवन को जी भर जी लेता है। -जॉर्ज बनार्ड शॉ

जिज्ञासा ही हमारे मन-मस्तिष्क में उत्पन्न वह अंकुर है, जिसके अंकुरित होने पर जानकारियों एवं अनुभवों का वृक्ष उगता है, जिसकी उपलब्धि एवं सफलतारूपी फल हम खाते हैं। यदि आप जिज्ञासु हैं तो आपकी जानकारी का स्तर लगातार बढ़ता जायेगा। आप जितना ज़्यादा सीखते हैं, उतना ज़्यादा नया सीखने की कोशिश करेंगे। यह नई जानकारियाँ, नई चुनौतियों का सामना करने के लिये तैयार करेंगी।

जिज्ञासु व्यक्ति हर बात की बारीकियों के बारे में जानना चाहता है, वह कई प्रश्न पूछता है। ऐसा करने से 'व्हाट' और 'वेन' के बारे में पता चलता है, साथ ही 'हाउ' और 'व्हाए' सम्बन्धी जानकारी मिलती है। इससे काम करने के बेहतर तरीके के बारे में पता चलता है।

मानव की प्रगति का आधार - जिज्ञासा भाव

एक ही मिट्टी के बने एकसमान हाथ, पैर समान स्थिति के मनुष्यों में से एक आगे निकल जाता है, ऊँचाई पर पहुँच जाता है और दूसरा जहाँ का तहाँ रह जाता है। इसका कारण जिज्ञासा भाव ही है। आगे निकल जाने वाले व्यक्ति में जिज्ञासा की प्रबलता रहती है, जबकि जो जहाँ का तहाँ या फिसड्डी में उसका अभाव देखा जा सकता है। जो जिज्ञासु है - वह कुछ जानना और

सीखना चाहता है, जो सीखेगा अनुभव प्राप्त करेगा, उसी के आधार पर वह आगे बढ़ेगा, प्रगति करेगा और सुखी रहकर जी भर जी सकेगा। जिसमें कुछ सीखने तथा जानने की ललक या जिज्ञासा नहीं है वह जहाँ का तहाँ पड़े रहने में ही संतुष्ट रहेगा।

जिज्ञासा के कारण मनुष्य आज जिस ज्ञानपूर्ण स्थिति में आया हुआ है, कभी नहीं आ पाता। यह जिज्ञासा की प्रेरणा ही है कि आज मनुष्य का ज्ञान भण्डार विशाल हो सका है और दिनों-दिन इसमें वृद्धि होती जा रही है।

जिज्ञासा बढ़ाती है बुद्धिमत्ता

जिज्ञासु लोगों की आदत दूसरों से सब तरह की जानकारी ग्रहण कर लेने की होती है जो बड़ी मूल्यवान है। मनुष्य उतना ही कमजोर और प्रभावहीन होता है जितना वह अपने आपको अन्य मनुष्यों से अलग रखता है। जो लोग परस्पर सम्पर्क में आते रहते हैं, उनमें जिज्ञासु मस्तिष्क होने की शक्ति का एक लगातार प्रवाह चलता रहता है। हम सब लोग जब आपस में मिलते हैं तब निरन्तर लेते-देते रहते हैं। आज की दुनिया में सफलता पाने के लिए जिज्ञासु प्रवृत्ति रख अपने चारों ओर के समाज से सम्पर्क बनाए रखना चाहिए। जिज्ञासा मात्र आपके मस्तिष्क को हमेशा सचेत ही नहीं रखती है, बल्कि ज्ञान को भी आसानी से आत्मसात् करने की क्षमता बढ़ाती है। जिज्ञासा किसी व्यक्ति के इंटेलिजेन्स कोशंट (आई क्यू) में सुधार लाकर उसकी बुद्धिमत्ता बढ़ाती है।

जिज्ञासु मन से दृष्टिपात करें

बहुत कम लोग यह सीख पाते हैं कि आँखों का उपयोग कैसे करना चाहिए। वे चीज़ों पर ऊपरी नज़र डालते हुए दुनिया में चलते जाते हैं। उनकी आँख में बने चित्र इतने हलके और धुँधले होते हैं कि उनकी बारीकियाँ दिखाई नहीं देतीं और ऊपर कोई गहरी छाप नहीं पड़ती। यदि हम जीवन में सावधान जिज्ञासु मन लेकर चीज़ को देखते चलें तो हम बड़ी भारी मानसिक दौलत और सारे भौतिक धन से अधिक बड़ी समझदारी जमा कर सकते हैं, इसलिए -

मात्र देखिए नहीं, पैनी नज़र रखिए

मात्र सुनिए नहीं कान धरिए
मात्र कान मत धरिए समझिए
मात्र समझिए नहीं आत्मसात् कीजिए

रस्किन का मन चिड़ियों, कीड़ों, पशुओं, पेड़ों, नदियों, पहाड़ों, सूर्यास्त और प्राकृतिक दृश्यों और चातक और झरनों की स्मृतियों से सम्पन्न था। उसके मस्तिष्क में चित्रों की, मकानों, मूर्तियों के हज़ारों चित्र मौजूद थे और इस दौलत को उसने ऐसे रूप में पुनः प्रस्तुत किया जिसमें यह सदा के लिए आनन्ददायक बन गई। उसके जिज्ञासु मन को हर वस्तु अपना सबक और रहस्य देती थी।

पैनी और खोजपरक दृष्टि

जो व्यक्ति जिज्ञासु होता है, वही गहरे पैठता है। जिज्ञासु की दृष्टि सामान्य लोगों से कुछ अधिक पैनी और खोजपरक होती है। किसी एक दृश्य या घटना को कोई सामान्य व्यक्ति देखता है तो वह उसके लिए साधारण बात होती है, किन्तु उसी विषय पर किसी जिज्ञासु व्यक्ति की नज़र पड़ जाती है तो वह साधारण बात असाधारण बन जाती है। जिज्ञासु के लिए दुनिया की हर घटना एक रहस्य एवं महत्त्व लिये रहती है।

महान् वैज्ञानिक न्यूटन से पहले भी कई लोगों ने फल को पेड़ से गिरते हुए देखा था। एडिसन के पहले भी लोगों ने पक्षियों को आकाश में उड़ते हुए देखा था। जेम्सवाट से पहले भी लोगों ने भाप के प्रभाव से केतली के ढक्कन को उठते, गिरते देखा था। मगर उन लोगों ने कोई नियम, सिद्धान्त प्रतिपादित नहीं किए, जबकि ये जिज्ञासु लोग महानता के उच्चतम शिखर पर पहुँचकर अपना नाम रोशन कर गए।

महान् वैज्ञानिक आइजक न्यूटन बचपन से ही जिज्ञासु थे। जब वे बालक ही थे कि तारों ने उनका मोह लिया। अभी वे बारह वर्ष के हुए थे कि उन्होंने अपने बगीचे में एक धूप घड़ी बना डाली। उन्होंने तारों के विषय में जानकारी प्राप्त करने के लिए हर अवसर का लाभ उठाया। पुस्तकों से, मिलने-जुलने वालों से और यहाँ तक कि अजनबियों से भी तारों के सम्बन्ध में जानकारी जुटाई। सुखी एवं सफल जीवन बिताने के बाद पचासी वर्ष की उम्र में उनका देहान्त हुआ।

इसी प्रकार महान् वैज्ञानिक एडिसन के बचपन की एक घटना है कि जब वे छोटे थे, तो उन्होंने देखा कि मुर्गी अण्डे पर बैठ जाती है तब बच्चा होता है। ऐसा विचार करके वे भी एक अण्डे पर बैठ गए, जिससे कि एक बच्चे का जन्म हो सके। पर अण्डा फूट गया एवं कपड़े खराब हो जाने से उनको डाँट पड़ी।

न्यूटन और एडिसन के जीवन से जुड़ी घटनाएँ चाहे जैसी भी हों, लेकिन एक बात तो स्पष्ट है कि उनके अन्दर तीव्र जिज्ञासा थी, उनकी इसी जिज्ञासा ने उन्हें विश्व का महान् वैज्ञानिक बना दिया।

अपने अन्दर 'बच्चा' जिलाए रखें

किसी बच्चे के साथ कुछ समय रहिए, आप उसके प्रश्नों से परेशान हो जाएँगे। उसके पास इतने प्रश्न हैं, जानने की इतनी जिज्ञासा है कि आपको अपने अनुभव, अपना ज्ञान भी कम लगने लगेगा। वह हर चीज़ के बारे में जानना चाहता है जो उसकी नज़रों के सामने गुज़रती है। वह हर नई चीज़ सीखने और अपनाने के लिए तैयार रहता है। अतः अपने मन में जिज्ञासा बनाए रखें और यह चीज़ बच्चों से सीखना चाहिए।आप हर रोज़ नए लोगों से मिलें, नई जानकारी लें, नए तथ्य ढूँढें, नई सूचनाएँ पढ़ें, नई पुस्तकें देखें, देश-विदेश के नए पर्यटन स्थलों की जानकारी पढ़ें। नई चीज़ों की जानकारी आपके जीवन को खुशियों से सराबोर कर देगी और आपको जी भर जीने के लिए प्रेरित करेगी।

जिज्ञासा सक्रिय जीवन का केन्द्र बिन्दु

जिज्ञासा ही सक्रिय ज़िन्दगी का केन्द्र बिन्दु है। सफलता के लिए सक्रिय ज़िन्दगी जीना ज़रूरी है। जो सक्रिय नहीं है वे अपने जीवन में कुछ नहीं कर सकते, उन्हें ज़िन्दगी नीरस और भार स्वरूप लगेगी।

जिज्ञासा ही वह शक्ति है जो व्यक्ति को किसी कार्य के बारे में जानने व उसे करने के लिए प्रेरित करती है। इसी के कारण नवीन जानकारियों एवं उपलब्धियों का उद्गम होता है। अतः आप सदैव अपनी प्रवृत्ति जिज्ञासु बनाए रखें ताकि जिज्ञासा से प्रज्वलित हुई सूर्य की किरणें दैदीप्यमान होकर आपके सामने जी भर जीने का मार्ग प्रशस्त कर सकें।

*

12.

जी भर जिएँ हँसते-हँसते और अलविदा हों हँसते-हँसते

संसार का सबसे बड़ा आश्चर्य यह है कि नित्य प्रतिदिन दूसरों को मरते देखकर भी मनुष्य अपनी मृत्यु में विश्वास करने को तैयार नहीं होता। वह समझता है कि और कोई भले ही मरे पर वह सदा सर्वदा धरती पर बना रहेगा। -धर्मराज युधिष्ठिर

आदमी रोते-रोते पैदा होता है, रोते-रोते जीता है और रोते-रोते ही मर जाता है। रोते-रोते पैदा होना दुर्भाग्य नहीं है। जीवन का सबसे बड़ा दुर्भाग्य तो यह है कि आदमी रोते-रोते जिए और रोते-रोते ही मर जाए। प्रकृति का नियम है कि सभी रोते-रोते पैदा होते हैं। संसार के सभी पुरुष, महापुरुष, प्रज्ञा पुरुष - सभी तो रोते-रोते पैदा हुए, मगर रोते-रोते जिए नहीं और रोते-रोते मरे भी नहीं। जिए तो हँसते-हँसते और मरे भी हँसते-हँसाते।

सुकरात - मरते समय अमृत तत्त्व का आस्वादन कर रहे थे। अपने शिष्यों को हँसी-खुशी में मौत का अर्थ समझा रहे थे।

गेटे - अधिक प्रकाश ! अधिक प्रकाश! की चकाचौंध में ही लीन हो गए।

लोकमान्य तिलक 'यदा यदा ही धर्मस्य' वाला श्लोक बोलते-बोलते दुनिया से अलविदा हो गए।

संत तुकाराम - कीर्तन करते-करते मृत्यु की गोदी में सो गए।

महात्मा बुद्ध - आत्मदीप का अर्थ बताते हुए चल बसे।

स्वामी दयानंद - प्रभु इच्छा की पूर्ति, को स्मरण करते हुए अनंत में विलीन हो गए।

रविन्द्रनाथ टैगोर के शब्द - मृत्यु तो ईश्वर का आमंत्रण है। जब वह आए तो उसका द्वार खोलकर स्वागत करो, चरणों में हृदय धन सौंपकर प्रभु का अभिवादन करें।

थॉमस मोरे - फाँसी का फँदा गले में डालने तक दिल्लगी करता रहा।

महात्मा गाँधी - ने हे राम, हे राम कहते हुए अपने प्राण त्याग दिए।

स्वतंत्रता संग्राम के असंख्य सेनानी 'अहले वतन' की याद में मस्ती भरे तराने गाते हुए मौत की गौद में कूद गए।

जी भर जी कर हँसी-खुशी के साथ मौत का आलिंगन करने वाले, दुनिया से अलविदा लेने वाले लोगों की गाथाओं से इतिहास भरा पड़ा है। ऐसे ही कुछ लोगों की प्रेरणादायी गाथाएँ प्रस्तुत हैं -

थॉमस मोरे : फाँसी का फँदा डालने तक दिल्लगी करता रहा

हँसते हुए जिया और फाँसी का फँदा गले में डालने तक दिल्लगी करता रहा, वह था अंग्रेज़ी का विद्वान् थॉमस मोरे। मनुष्य जीवन का सत्य हास्य है, आन्तरिक खुशी है, फूलों के सौरभ जैसी मुस्कान है। इस तथ्य को सही अर्थों में समझने वालों में थॉमस मोरे भी थे।

थॉमस मोरे का जन्म 7 फ़रवरी 1478 में लन्दन में हुआ था। हेनरी अष्टम ने इनकी विद्वत्ता से प्रभावित होकर इन्हें लार्ड हाई चांसलर नियुक्त किया। इसके पूर्व जब वे पार्लियामेन्ट में मेम्बर थे तो हेनरी सप्तम् के साथ विवाद हो गया, पर वे अपने आदर्श से जरा भी विचलित नहीं हुए।

थॉमस मोरे मस्त प्रकृति के व्यक्ति थे, विद्वान् थे, इसके साथ ही उनके अन्तःकरण में मानवता के प्रति उत्कृष्ट, उत्सर्ग भाव भी भरा हुआ था। हमेशा हँसने वाला व्यक्ति जीवन की गहराइयों से मोर्चा लेने का साहस भी रखता है। उन्होंने अपने पद से इस्तीफा दे दिया और हेनरी के खिलाफ बगावत कर दी।

दुनिया में जितने भी महापुरुष, संत और समाज सुधारक हुए हैं, चाहे वे हिन्दू धर्म के हों या ईसाई धर्म या अन्य किसी धर्म के हुए हों उन सभी को प्रतिक्रियावादी तत्त्वों का कड़ा मुकाबल करना पड़ा है और इसमें उनकी जानें

भी गई हैं। थॉमस मोरे के साथ भी ऐसा ही हुआ। लन्दन की मीनार में उन्हें क़ैद कर लिया और मृत्यु की सज़ा सुनाई गई।

थॉमस मोरे फाँसी के फँदे पर चढ़ाए जाने तक हँसते मजाक करते रहे। जब फाँसी के फँदे पर लटकाने में 20 मिनट का समय बाक़ी था तो उन्होंने कहा -

"हे भाई जल्लाद! ज़रा ठहरो, फाँसी में अभी 20 मिनट का समय बाक़ी है, तब तक तो इस दाढ़ी को अलग कर देने दो।" जल्लाद ने उठी कुल्हाड़ी रोक दी। मोरे ने बड़े मज़े से दाढ़ी बनाई, मानों उन्हें किसी बारात में जाना हो। दर्शक उनके इस अनोखे मानसिक संतुलन पर मुग्ध थे। थॉमस मोरे के चेहरे पर तब तक भी वही मुस्कान वही हँसी-मजाक कायम था, जो सम्पूर्ण जीवन उसका सहयोगी रहा।

फाँसी के तख्ते पर चढ़ते समय मोरे ने ऑफिसर को बुलाकर कहा -

"ऐ भाई! ज़रा हाथ लगा दे तो मैं तख्ते पर चढ़ जाऊँ। मेरा शरीर तो फिर अपने आप नीचे आ जाएगा, पर थोड़ा संभलकर ज़ोर लगाना मेरा मोटा शरीर कहीं आप पर ही न गिर पड़े।" और वे हँस पड़े जल्लाद भी हँस पड़ा।

थॉमस मोरे की मृत्यु हो गई पर वे दुनिया को बता गए कि मनुष्य को कठिनाइयों, आपदाओं और मृत्यु जैसी विभीषिकाओं में भी हँसते रहना चाहिए।

मेरी मौत ख़ुशी का पैग़ाम होगी - रोशन सिंह

रोशन सिंह उत्तरप्रदेश के शाहजहाँपुर के नवादा गाँव में पैदा हुए थे। वे वीर, साहसी और दृढ़ निश्चयी थे। बचपन से ही उन्हें बन्दूक चलाने का बहुत शौक़ था। कहते हैं कि बन्दूक चलाने में वे इतने निपुण थे कि उड़ती चिड़िया को भी मार गिराते थे। उनका निशाना अचूक था।

महात्मा गाँधी ने असहयोग आन्दोलन चलाया तो उसमें रोशन सिंह ने बढ़-चढ़ कर भाग लिया। इस आन्दोलन में भाग लेने पर ब्रिटिश सरकार ने उन्हें दो वर्ष की सज़ा दी। जेल से छूटने के पश्चात् रोशन सिंह, रामप्रसाद बिस्मिल के दल में आ गए और पूरी लगन और निष्ठा से काम करने लगे। रोशन सिंह सामरिक विभाग के प्रधान स्तम्भ थे तथा बाद में पकड़े गये। उन पर काकोरी

कांड का अभियोग लगाया गया। सज़ा सुनायी। फाँसी की सज़ा का आदेश सुन सभी लोग अचम्भित हो गये, क्योंकि उनके विरुद्ध कोई सबूत नहीं था, किन्तु रोशन सिंह ज़रा भी विचलित नहीं हुए। वे तो अपने आपमें गर्व महसूस कर रहे थे कि मैं तो भारत की आज़ादी के लिए अपनी जान न्योछावर कर रहा हूँ।

फाँसी में जब एक सप्ताह शेष था तो उन्होंने अपने सबसे प्रिय दोस्त को एक पत्र लिखा -

"एक सप्ताह के अन्दर मुझे फाँसी दी जाने वाली है। आप मेरे लिए ज़रा भी चिन्ता न करें। मेरी मौत खुशी का पैग़ाम होगी, जो आदमी इस संसार में जन्म लेता है उसे एक न एक दिन मरना अवश्य पड़ता है। मेरी मौत अफ़सोस लायक नहीं। मुझे पूर्ण विश्वास है कि संसार में पीड़ायुक्त यात्रा समाप्त करके अब मैं आराम की ज़िन्दगी के लिए जी रहा हूँ।"

फाँसी के दिन रोशन सिंह ईश्वर आराधना व गीता पाठ में लगे रहे। अंतिम समय तक शोक की रेखा उनके चेहरे पर नहीं थी।

इलाहाबाद की जेल में 20 सितम्बर को प्रातःकाल रोशन को फाँसी दे दी गई। क्षण भर में वे इस संसार से अलविदा हो गए। सभी लोगों के मुँह से एक ही आवाज़ आ रही थी - "रोशन सिंह सच्चा, बहादुर तथा वीर क्रान्तिकारी पुरुष था। उसने हँसते-हँसते वतन के लिए अपने प्राणों का बलिदान कर दिया।"

किसी शायर ने लिखा है -

शहीदों की चिताओं पर लगेंगे हर बरस मेले
वतन पे मरने वालों का बाक़ी यही निशान होगा।

खुदीराम - आदर्शों की बलिवेदी पर जीवन पुष्प चढ़ा गए

खुदीराम का जन्म 3 दिसम्बर, 1889 में हबीबपुर जिला मिदनापुर (बंगाल) में हुआ था। 11 अगस्त, 1908 को क्रान्तिकारी वारदातों के अभियोग में खुदीराम बोस को फाँसी होने वाली थी। जेल का एक अंग्रेज़ अफ़सर उनको मस्ती से गाते हुए देख आश्चर्यचकित हो गया, क्योंकि उसकी सोच थी कि खुदीराम फाँसी के भय से पागल-सा चीख-चिल्ला रहा होगा। उसके पास एक

आम था- जो वह खुदीराम को देने के लिए आया था। उसने सीखचों के बाहर से कहा - "लो खुदीराम आम खा लो।"

यह कहकर उस अफ़सर ने वह आम एक सीखचों की तख्ती के नीचे रख दिया। खुदीराम का गाना रूक गया। उन्होंने ज़रा मुस्कराकर उधर देखा और गीत गाना शुरू कर दिया। अंग्रेज अफ़सर वहाँ से चला गया।

अफ़सर के चले जाने के बाद खुदीराम ने वह आम उठाया, फिर मुस्कुराकर उसमें एक छोटा-सा छेद किया। छेद में से उसने आम का सारा रस अत्यन्त सावधानी से चूस लिया और आम को फुलाकर ज्यों का त्यों उसी स्थान पर रख दिया।

कुछ समय बाद वही अंग्रेज़ अफ़सर फिर आया। उसने आम को ज्यों का त्यों देख आश्चर्य से कहा - "खुदीराम! क्या तुमने आम नहीं खाया"?

खुदीराम चुप रहे और मन्द-मन्द मुस्कुराते रहे। उन्हें चुप देखकर अंग्रेज़ अफ़सर ने आम उठाया तो वह पिचक गया, उसमें तो कुछ भी न था। खुदीराम खिलखिलाकर हँस पड़े। वह अफ़सर यह देखकर दंग रहा गया, वह सोचने लगा कि जिसे कल फाँसी होने वाली है और वह इतना खुश है, उसे विनोद सूझ रहा है। कितना निडर व्यक्ति है यह, इसे मौत का ज़रा भी डर नहीं।

11 अगस्त, फाँसी के दिन वह हमेशा की तरह उठा। गीता के कुछ श्लोक भी पढ़े। फिर हँसते-हँसते फाँसी के तख्ते पर पहुँचा। वहाँ पहुँचने पर फाँसी का फँदा उसने अपने गले में लिया और देखते ही देखते इस संसार से अलविदा हो गया।

खुदीराम बोस के बारे में किसी ने ठीक ही कहा है -

आदर्शों की बलिवेदी पर जीवन पुष्प चढ़ा गए।
हँसते-हँसते जिए, हँसते-हँसते ही अलविदा हुए।

मैं मृत्यु से साक्षात्कार करना चाहता हूँ - सुकरात

विष का प्याला एक स्वादिष्ट पेय के समान हँसते-हँसते पीने वाले सुकरात सरल, स्वभाव और बैर भाव से मुक्त एक सत्यवादी पुरुष थे। वे हमेशा सत्य,

न्याय और सदाचार की शिक्षा देते थे। जो लोग तिकड़म अथवा अनुचित साधनों से धन पैदा करके मालदार बन गये थे उन्हें सत्य और न्याय की बातें खटकने वाली ही प्रतीत होती थी। इसका मुख्य कारण तो यह था कि कितने ही धनवान लोगों के पुत्र सुकरात की शिक्षा से आकर्षित होकर उनके शिष्य बन गए थे और यह बात उनके अभिभावकों को अपमानजनक लगती थी।

दूसरी बात सुकरात के विरोधी होने की यह थी कि उस मसय जिन लोगों ने 'विद्वान' का बाना पहन रखा था वे धनवान लोगों के लड़कों को सांसारिकता और नीति, अनीति की शिक्षा देकर खूब कमाई करते थे। वे सुकरात की सीधी-सादी और आत्मज्ञानयुक्त शिक्षाओं से चिढ़ते थे। सुकरात विद्वान् का बाना पहने कई लोगों से वाद-विवाद कर उन्हें निरुत्तर भी कर दिया करते थे। इससे वे विद्रोह करने लग गये थे और उन पर ऐसे सब लोगों ने मिलकर सुकरात पर नवयुवकों की कुशिक्षा या ग़लत शिक्षा देने का आरोप लगाकर उन्हें गिरफ़्तार करा दिया। न्यायालय ने उन्हें विषपान द्वारा मृत्युदण्ड दिये जाने की सज़ा सुनाई।

सुकरात को ज़हर देने की तैयारी चल रही थी। सम्बन्धी, शिष्य, मित्र, सहयोगी सभी नेत्र सजल हो उठे। प्राणों से ज़्यादा प्रिय अपने मार्गदर्शन से बिछुड़ने की वेदना असह्य हो रही थी। पर सुकरात यथावत् थे उन पर इसका कोई प्रभाव नहीं था। उल्टे उस दिन अन्य दिनों की अपेक्षा प्रसन्नता, प्रफुल्लता मुखमण्डल पर और भी अधिक परिलक्षित हो रही थी। मृत्यु को गले लगाने की आतुरता सुकरात की देखते ही बनती थी। ऐसा लगता था कि किसी प्रियजन से मिलने की उत्सकुता हो। मित्रों ने इस आतुरता का कारण रोते हुए पूछा।

सुकरात ने कहा - "मैं मृत्यु से साक्षात्कार करना चाहता हूँ तथा यह जानना चाहता हूँ कि मृत्यु के बाद हमारा अस्तित्व रहता है या नहीं। मृत्यु जीवन का अन्त है अथवा एक सामान्य परिवर्तन क्रम।"

सुकरात को निर्धारित समय पर विष दे दिया गया। सभी आत्मीजन उन्हें घेरे बैठे थे। नेत्रों से अश्रु की अविरल धारा बह रही थी।

सुकरात ने कहा - "मेरे घुटने तक विष चढ़ गया है। पैरों ने काम करना बंद कर दिया। वे मर चुके हैं, किन्तु मैं फिर भी जीवित हूँ। मेरे अस्तित्व में थोड़ा भी

अन्तर नहीं आया, मैं पूर्ण हूँ। देखो! मेरे हाथों ने, कमर ने, काम करना बंद कर दिय, निर्जीव हो गए, किन्तु मैं ठीक पहले जैसा हूँ।"

उपस्थित स्नेही, मित्र, सहयोगी सभी फूट-फूटकर रोने लगे। सुकरात ने उन्हें सांत्वना देते हुए कहा -

"देखो तुम्हें जीवन की वास्तविकता समझने का एक दुर्लभ अवसर मिला है। एक व्यक्ति मृत्यु से गुज़र रहा है तथा तुम सबको संदेश दे रहा है कि मृत्यु जीवन का अंत नहीं, एक अविरल प्रवाह है। जीवन की सत्ता मरणोपरांत भी बनी रहती है।

ईसा - हँसते-हँसते सूली पर चढ़ गए

ईसा का जन्म उत्तरी पैलेस्टाइन के नजरेथ नामक स्थान में एक सामान्य बढ़ई परिवार में हुआ था। इनके माता-पिता धार्मिक विचारों के थे और उन्हें आरंभिक अवस्था में यहूदी धर्म की पाठशाला में भर्ती कराया गया था। छोटी आयु में ही उनमें विशुद्धता, सत्यता और तेजस्विता के चिह्न देखने को मिलने लगे थे।

छोटी उम्र से ईसा के व्यक्तित्व ने अनेक लोगों को आकर्षित कर लिया। उनका तर्क करने और विषय प्रतिपादन का ढंग ऐस था कि लोग सहज ही उनके कथन की सच्चाई को स्वीकार कर लेते थे।

उनका कहना था कि -

"मनुष्य का कल्याण तो ईश्वरीय राज्य से ही संभव है। ईश्वरीय राज्य वह है जिसमें अन्यायपूर्ण सामाजिक भेदभाव न हो, गरीबों के कष्ट मिट जाएँ, धन, सम्पत्ति को उपेक्षा की दृष्टि से देखा जाए, सब प्रकार की दमनकारी पाशविक शक्ति पर अधिकार देखने वाले शासन का अंत हो जाए और लोग परस्पर प्रेमभाव रखने लगे।"

ईसा आमसभाओं में स्पष्ट शब्दों में कहते थे कि -

"चाहे सुई के छेद में होकर ऊँट निकल जाए पर स्वर्ग के दरवाज़े में होकर धनवानों का निकल सकना सम्भव नहीं।"

भला अपनी ऐसी कटु आलोचना पूँजीपति कैसे सहन कर सकते थे। फिर उनके साथ पुरोहित और पुजारी भी थे। जिनकी आजीविका का साधन धनवानों द्वारा चढ़ाई जाने वाली भेंट पूजा से ही चलता था। इसलिए इन दोनों ने मिलकर ईसा पर यह दोषारोपण किया कि वह अपने को 'ईश्वर का पुत्र' कहकर लोगों को बहकाता है और एक वर्ग को दूसरे के विरुद्ध भड़का कर समाज में अशान्ति पैदा करता है। यद्यपि ईसा का प्रचार पूरी तरह सत्य और न्याय पर आधारित था और वह जो कुछ भी कहता था समस्त जनता की हित कामना का ही होता था। तो भी सत्ताधारी व्यक्तियों ने उसके कारण अपने स्वार्थ की हानि होते देखकर उन्हें गिरफ़्तार करा दिया और झूठा मुकदमा चलाकर प्राणदण्ड की सज़ा दिलवा दी। ईसा को जब काँटों का ताज (क्रूस) पहनाकर हाथ-पाँवों को कीलें ठोक कर सूली पर लटकाया जा रहा था, उस समय वे ज़रा भी विचलित नहीं हुए और हँसते-हँसते सूली पर चढ़ गए।

ईसा मसीह के संदर्भ में संत तरुणसागर जी का कथन कितना सारगर्भित है-

जीना एक कला है।
हँसते हुए जीना इससे भी बड़ी कला है।
हँसाते हुए जीना और भी बड़ी कला है।
पर हँसते हुए मरना सबसे बड़ी कला है।
जब तुम पैदा हुए तो
दुनिया हँस रही थी और तुम रो रहे थे।
अब कुछ ऐसा करो
कि जब तुम मरो तब दुनिया रोए और तुम हँसो।
रोते हुए पैदा होना
दुर्भाग्य नहीं है, वरन् रोते-रोते जीना और
रोते-रोते मर जाना - यह दुर्भाग्य है।

*

13.

होनी को सरल भाव से स्वीकारें

आप चाहे कितने ही निपुण क्यों न हो, कितने ही बुद्धिमान क्यों न हो, कितने ही महान् एवं विवेकी क्यों न हो, लेकिन आप स्वयं हरेक परिस्थिति के ऊपर पूर्ण नियंत्रण नहीं रख सकते, आप सिर्फ अपना प्रयास कर सकते हो, लेकिन उसकी भी एक सीमा है और जो उस सीमा के आगे की बागडोर संभालता है उसी का नाम 'भगवान' है।

-एल.सी. मैक कोरपीट

ज़िन्दगी की सारी परेशानियाँ मन के सारे तनाव और व्यक्ति की सारी पीड़ाओं और असंतोष का स्रोत है, होनी को स्वीकार न करना। याद रखिए जो बात आप बदल सकते हैं या सुधार कर सकते हैं, उसके लिए प्रयास कीजिए। मगर जो आपके वश में नहीं है उसे स्वीकार करना ही ठीक है। एक प्रकार लचीलापन जो आपको शान्त और स्थिर रखता है और जीवन की कठिन परिस्थितियों को धैर्यपूर्वक स्वीकार करने की क्षमता पैदा करता है। सुखी और चिन्तारहित जीवन का सबसे बड़ा आश्वासन है।

जो कुछ भी जीवन में प्राप्त हो, जैसी भी परिस्थति आए उसे जीवन का वरदान मानकर, संतुष्ट और शान्त रहना चाहिए। वस्तुतः सुख-दुःख, अनुकूल-प्रतिकूल, धनात्मक-ऋणात्मक परिस्थितियों में जीवन बलिष्ठ और पुष्ट होता है। इनसे निकलकर ही मनुष्य निरामय, अनावृत्त और निर्मल बन सकता है। वैसे भी इनसे बचने का कोई रास्ता नहीं है। फिर क्यों न हर परिस्थिति में सहज भाव से स्थिर रहा जाए? इस तरह जीवन में आने वाली विविध अनुकूल-प्रतिकूल हवाओं में तटस्थ भाव से सब कुछ देखते रहना और हर परिस्थिति में संतुष्ट

रहना तनाव से मुक्त रहने और जी भर जीने का सरल उपाय है। व्यावहारिक मनोविज्ञान के जनक प्रोफेसर विलियम जेम्स का कथन है कि अपनी स्थिति जैसी है वैसी ही स्वीकार करे लो, क्योंकि होनी को स्वीकार करना दुर्भाग्य के किसी भी परिणाम पर विजय पाने का पहला क़दम है।

ईश्वरीय विधान के अनुकूल चलने पर दुःखों से मुक्ति

दुनिया की प्रत्येक घटना, क्रियाकलापों का संचालन एक नियम, विधान के अनुसार ही होता है। जिसे प्राकृतिक या ईश्वरीय विधान कुछ भी कहे, इस विधान के अनुकूल चलने पर ही सुख-सुविधा, सहयोग, प्रगति निश्चित है। इतना ही नहीं उस दिशा में मनुष्य प्रयास करके विशेष गति और स्थिति प्राप्त कर सकता है, किन्तु प्रतिकूल दिशा में चलकर तो संघर्ष, अशांति, कष्ट, दुःख के सिवाय कुछ नहीं मिलता। जैसे एक विशाल नदी के बहाव के प्रतिकूल दिशा में चलने पर जल राशि का विरोध सहना करना पड़ता है। उसकी लहरों के थपेड़े खाने पड़ते हैं। दम फूल जाता है और फिर बाध्य होकर अनुकूल दिशा में बहना पड़ता है।

मैं यह नहीं कहता कि विपत्तियों के समक्ष आप घुटने टेक दे, बिल्कुल नहीं। यह कोरी भाग्यवादी प्रवृत्ति होगी। मैं, कहूँगा कि जहाँ तक हो सके उस किसी परिस्थिति विशेष में हम परिवर्तन ला सके, उसे अनुकूल बना सके, बना लेना चाहिए। हमें संघर्ष करना चाहिए, किन्तु यदि सामान्य बुद्धि से प्रकट हो कि अमुक्त परिस्थिति के विरुद्ध हम व्यर्थ ही संघर्ष कर रहे हैं, हम उस परिस्थिति को बदल नहीं सकते तो विवेक इसी में है कि बिना आगा-पीछा सोचे जो नहीं है उसकी कामना छोड़ दें।

ईश्वरीय विधान विधि के पौराणिक उदाहरण

श्रीराम का विवाह और राज्याभिषेक दोनों शुभ मुहूर्त देखकर किए गए थे, फिर भी न वैवाहिक जीवन सफल रहा, न राज्याभिषेक और जब मुनि वशिष्ठ से उत्तर माँगा गया तो उन्होंने साफ़ कह दिया -

सुनहु भरत भावी प्रबल, बिलखि कहेहूं मुनिनाथ।
लाभ-हानि, जीवन मरण यश अपयश विधि हाथ।

यानी जो विधि ने निर्धारित किया है, वही होकर रहेगा

न राम के जीवन को बदला जा सका, न कृष्ण के। न ही महादेव शिव-सती की मृत्यु को टाल सके। रामकृष्ण परमहंस भी अपने कैंसर को न टाल सके। मानव अपने जन्म के साथ ही जीवन मरण, यश, अपयश, लाभ-हानि आदि लेकर आता है।

चिन्ता से मुक्त होने का छोटा-सा सूत्र है जो होता है, वह नियतिकृत है, वह होना था, सो हो गया। होने में कैसा हस्तक्षेप। होनहार की कैसी चिन्ता, कैसी स्मृति? होनहार को हो लेने दें। जो हो रहा है, अच्छा या बुरा, जो भी हमारे साथ बीता है, वह महज संयोग भर रहा। इस घटना को संयोग भर नियतिकृत मान लो, तो चिन्ता नाम की कोई चीज़ नहीं रहेगी। आप दुर्घटना के बावजूद भी सहज, सरल और तनाव मुक्त रहेंगे।

हर एक परिस्थिति पर हमारा नियंत्रण नहीं

महाभारत का सम्बन्धित एक सीखे देने वाला उदाहरण -

द्रौपदी के स्वयंवर में जाते वक्त 'श्रीकृष्ण' अर्जुन को समझाते हुए कहते हैं कि- हे पार्थ! तराजू पर पैर संभलकर रखना, संतुलन बराबर रखना, लक्ष्य मछली की आँख पर ही केन्द्रित हो उसका खास खयाल रखना तो अर्जुन ने कहा 'हे प्रभु' सब कुछ अगर मुझे ही करना है, तो फिर आप क्या करोगे?

वासुदेव हँसते हुए बोले "हे पार्थ जो आपसे नहीं होगा वह मैं करूँगा।"

पार्थ ने कहा- "प्रभु! ऐसा क्या है जो मैं नहीं कर सकता"?

वासुदेव फिर हँसे और बोले, "जिस अस्थिर, विचलित, हिलते हुए पानी में तुम मछली का निशाना साधोगे, उस विचलित 'पानी' को स्थिर 'मैं' रखूँगा।"

होनी से लड़ना बंद कर दुःखों से छुटकारा पाएँ

'रीडर्स डाइजेस्ट' पत्रिका के एक लेख में एल.सी. मैक कोरपीट ने लिखा

है कि- "जब होनी से लड़ना बंद कर देते हैं तो हममें एक विचित्र शक्ति का स्रोत खुल जाता है जो हमारे जीवन को दुःख और चिन्ता से छुटकारा दिलाकर सुखी बनाने में हमारी मदद करता है।"

इस सम्बन्ध में हमारे समक्ष कई उदाहरण हैं -

विकलांगता को सरल भाव से स्वीकारना- नेत्रहीन कवि मिल्टन के विचार उन लोगों से भिन्न थे जो विकलांगता को अभिशाप और देवी प्रकोप मानकर रोते कलपते रहते हैं और भाग्य को कोसते रहते हैं। वे कहते हैं 65 इंच लम्बे-चौड़े शरीर में आँखों की 2 इंच की कमी से पूरे शरीर को अनुपयोगी ठहराना कहाँ की बुद्धिमानी है। नेत्रहीनता की होनी को सहजता से स्वीकारते हुए वे पूरे जीवन में ज्ञान-साधना में लगे रहे। ऐसे परिपक्व विचारों के कारण ही विश्वविख्यात कवियों की श्रेणी में मिल्टन का नाम आज भी गौरव और आदर से लिया जाता है।

ईश्वर एक दरवाज़ा बंद करता है, दूसरा खोल देता है

हेलेन केलर मूकबधिर और नेत्रहीन थीं, इसके बावजूद भी उन्होंने इसके लिए न ईश्वर को दोष दिया और न ही उन्हें अपने जीवन से कोई शिकवा-शिकायत रही। होनी को सहज रूप से स्वीकार करते हुए उन्होंने अपनी ज्ञान शक्ति इतनी विकसित कर ली थी कि वे अपने परिचितों को व्यक्तिगत गंध से पहचान लेती थी। केवल दो ज्ञानेन्द्रियों के बल पर उन्होंने दुनिया को यह सोचने पर विवश कर दिया कि दृढ़ इच्छा शक्ति से क्या कुछ नहीं पाया जा सकता। उन्हीं के शब्दों में -

"ईश्वर हमारे लिए एक दरवाज़ा बंद करता है तो दूसरा तुरन्त खोल देता है, परन्तु हम उस बन्द दरवाज़े को ही ताक़ते रहते हैं।"

जो होता है अच्छे के लिए होता है

बिजली के बल्ब और रिकार्डप्लेयर जैसी उपयोगी आविष्कार करने वाले थॉमस अल्वा एडिसन जब 67 वर्ष के थे, उनकी करोड़ों रूपयों की फैक्ट्री आग में जलकर नष्ट हो गई। उनकी फैक्ट्री का बीमा भी बहुत कम का था, लेकिन इस

होनी को उन्होंने सहज भाव से बिना दुःखी हुए स्वीकार कर लिया। एडिसन जो अब जवान नहीं थे अपनी ज़िन्दगी भर की कमाई को आग में जलते देखकर बोले -

"जो होता है अच्छे के लिए होता है। हमारी सारी कमियाँ इसमें जलकर राख हो गई।"

जो होता है अच्छे के लिए होता है। इस वर्षों पुरानी कहावत में एक महान् संदेश छिपा हुआ है। वह यह है कि हमें निराशाओं और नकारात्मक विचारों के गर्त से उबर कर आशावादी बनना चाहिए और सकारात्मक नज़रिया अपनाना चाहिए। यदि चिन्तारहित जीवन जीना है तो हर घटना, हर स्थिति को सकारात्मक ढंग से देखने की प्रवृत्ति का विकास कीजिए चाहे वह कितनी भी दुःखपूर्ण क्यों न हो।

तुलसीदासजी का यह कथन जी भर जीने के सन्दर्भ में बड़ा सटीक है -

तुलसी भरोसे राम के निर्भय होकर सोय।
अनहोनी होती नहीं होनी हो सो होय।।

विद्वान लेखक डेल कारनेगी ने एक स्थान पर लिखा है कि जैसे-जैसे कालचक्र चलता जाता है, हम बहुत-सी ऐसी दुःखद परिस्थितियों का सामना करते रहते हैं जो वैसी ही बनी रहती है, बदलती नहीं है। हमारे सामने केवल एक ही रास्ता रहता है कि हम उन परिस्थितियों को जैसी है, वैसी ही स्वीकार कर लें और अपने को उनके अनुकूल ढाल लें या फिर विद्रोह का रूख अपनाकर अपनी ज़िन्दगी बर्बाद कर लें और चिन्ताओं के शिकार बन जाएँ।

कोलंबिया विश्वविद्यालय के डीन स्वर्गीय हाक्स का कथन कितना सारगर्भित है -

हर समस्या का जगत् में है समाधान उसे तुम ढूँढ़ो।
यदि नहीं कोई मिल पाए तो उसकी चिन्ता छोड़ो।

*

14.

प्रकृति से दोस्ती करें और पाएँ स्वस्थ एवं सुखी जीवन का उपहार

प्रकृति को गहरे से देखो फिर आप सब कुछ समझ जाओगे। दुनिया के सारे विचार और आविष्कार प्रकृति से ही जन्मे हैं। फिर चाहे गुरुत्वाकर्षण का सिद्धांत हो या घड़ी हो। दुनिया को समझना है तो प्रकृति से अच्छा शिक्षक और दोस्त कोई नहीं हो सकता। - अल्बर्ट आइंस्टीन

आज आम आदमी इतना उदास क्यों है? ज़िन्दगी जी भर क्यों नहीं जी रहा है? रंग-बिरंगी दुनिया उसे अंधकारमय क्यों प्रतीत होती है? यह अंधकार क्या है? जब हम इस तथ्य को जानने की कोशिश करते हैं तो आश्चर्यजनक नतीजा सामने आता है। यह अंधकार और किसी कारण से नहीं है, वरन् हमारे आँख पर पट्टी बँधे रहने के कारण ही है। पट्टी बँधे रहने के कारण हम दुनिया के सौन्दर्य को देख ही नहीं पाते। ज़रा पट्टी खोल कर तो देखिए आप देखते ही रह जाएँगे।

प्रकृति के निकट आइए सूर्य की पहली किरण को देखिए। सरसराती हवा अपने अंदर खुशियाँ समेटे हैं। फूल-पत्तियों के रंग रूप को निहारिए। पेड़ों की टहनियों पर लदे फलों को देखिए। बहते झरने, नदी, समुद्र का संगीत सुनिए। सुबह की शीतल हवा का आनंद लीजिए। पेड़ों, पहाड़ों पर छाई डालियों से बात कीजिए। पहाड़ियों की चहचहाहट सुनिए। इस तरह अपने मन को प्रकृति के पास ले जाइए। फिर देखिए खुशियाँ आपके चेहरे पर अपने आप झलक जाएगी।

दुनिया के सुदंरतम मनोरम दृश्य प्रकृति के दृश्य हैं। पूरा ब्रह्माण्ड ही प्रकृति की अद्भुत रचना है। प्रकृति हर जगह है बस उसे देखने के लिए आँख चाहिए,

महसूस करने के लिए सरल हृदय चाहिए और जब कोमल भावनाओं से हम इसे निहारते हैं तो यही सुंदरता हमारी आँखों में आ जाती है और फिर प्रकृति का हर दृश्य हमारी खुशी का कारण बनता है।

प्रकृति हमें पृथ्वी पर जीवन जीने के लिए ईश्वर प्रदत्त एक अनमोल उपहार है। जिसकी उपेक्षा का नतीजा आज हम भुगत रहे हैं। प्रकृति से दोस्ती दिमाग, शरीर और आत्मा को ऊर्जावान बनाए रखने का स्रोत है। ऊर्जा की आवश्यकता आज हर आदमी को है। हमें हमेशा यह याद रखना चाहिए कि प्रकृति हमें सकारात्मकता और खुशियों के माहौल से जोड़ती और भरपूर जीवन जीना सिखाती है।

पेड़-पौधे प्रकृति के अनमोल उपहार

पेड़-पौधे प्रकृति द्वारा प्रदत्त एक अनमोल उपहार है। प्रकृति की सुंदरता के आयामों में यह सबसे महत्त्वपूर्ण रत्न हैं। कल्पना कीजिए यदि पेड़-पौधे न होते तो प्रकृति कितनी नीरस व बेजान-सी होती। इनसे सम्बद्ध कितने ही खूबसूरत जीव-जंतु और अनन्य नज़ारे हमारी नज़रों से ओझल ही रहते हैं। पौधों को उखाड़ फेंकना या नष्ट करना उतना ही बड़ा पाप है, जितना कि जीव हत्या का जबकि इनके सृजन में जो सुखानुभूति और सुकुन है। उसके लिए जितना कहा जाए कम होगा। पौधे एवं पुष्प दर्शन जहाँ हमें आनन्द और शांति प्रदान करते हैं, वहीं से उत्पन्न हवा व सुगंध तन, मन में ताज़गी और तरंग भर देते हैं।

मानव के सच्चे दोस्त

ओशो ने तो वृक्षों से दोस्ती करने को ही ध्यान कहा है। वह कहते हैं कि वृक्ष बहुत जीवंत और संवेदनशील होते हैं। वह अभी तक आदमी की तरह प्रदूषित नहीं हुए हैं, इसलिए वह आपको बहुत सकारात्मक ऊर्जा प्रदान करते हैं।

वृक्षों से दोस्ती आपके अंदर एक खुशी, शांति और संतुष्टि पैदा करती है। वृक्ष आपके अशांत मन को शांत करते हैं। महाकवि कालिदास ने तो वृक्षों को मानव के सच्चे मित्र, परिजन तथा संरक्षक के रूप में देखा, समझा और चित्रित किया है। वृक्ष हमें सकारात्मक ऊर्जा ही प्रदान नहीं करते हुए हमें जीवन व्यवहार की सीख भी देते हैं।

वृक्ष चुपचाप रह कर हमारे भीतर सहिष्णुता, उदारता, करुणा, दया, ममता, अहिंसा, समन्वय, क्षमता, मानवता, समरसता, पारिवारिकता सहनशीलता का भाव भरते हैं।

तनाव मुक्त कर, दें आनंद का अहसास

प्रकृति के बीच समय बिताने से केवल तनावमुक्त आनंद का अहसास नहीं मिलता, बल्कि यह एक नेचुरल थैरेपी है। इसका प्रभाव लंबे समय तक रहता है। इससे तनाव में बहुत फायदा मिलता है।

हाल में हुए एक शोध में प्रकृति के हीलिंग नेचर और तनाव पर फोकस किया गया है, जिसमें यह सिद्ध किया गया है कि प्रकृति हमें तनावमुक्त ही नहीं करती, बल्कि सुख और आनंद का अहसास भी कराती है। प्रकृति के बारे में वैज्ञानिकों का ऐसा कहना है कि चारों तरफ हरियाली देख कर मन खुश होता है। अमेरिका में हुए एक शोध के अनुसार हरियाली हमारी कार्यक्षमता को बढ़ाती है। हमारी शारीरिक और मानसिक सेहत दुरूस्त रखती है।

प्रकृति के क़रीब रहने से खुशी मिलती है। इसलिए जापान समेत कई देशों ने अपने कर्मचारियों को जंगल घुमाना शुरू किया है। इससे उनकी कार्यक्षमता में वृद्धि हुई है।

बच्चे प्रकृति के क़रीब रहें इसलिए दुनिया के खुशहाल देशों में शामिल नार्वे में 300 से ज़्यादा स्कूल जंगल में चलते हैं।

प्रकृति की गोद में खुशियाँ ही खुशियाँ

प्रकृति की गोद में जीवन की सारी प्रसन्नता समाई हुई है। अलग-अलग मौसम के साथ प्रकृति ने चारों तरफ रंग-बिरंगी छटा बिखेरी हुई है। ऐसा कौन-सा व्यक्ति होगा जिसका मन हरियाली देखकर प्रसन्न न होता है। यही प्राकृतिक वातावरण मनुष्य को प्रसन्नता देता है।

यह पेड़, पौधे, नदी, झरने, सुमन, पत्ते, लता, उषा, संध्या, पहाड़, समुद्र सब कुछ संसार की सौन्दर्य वृद्धि के उपकरण हैं। सबके बीच खड़ा मनुष्य अपने को तनावमुक्त रखकर प्रसन्नता पा सकता है। हाल ही में एक अमेरिकी शोध ने इस

बात का दावा किया है कि प्रकृति की गोद में दिमाग तरोताज़ा रहता है। भले ही हम कितने ही तनाव में हों मगर प्रकृति के बीच जाकर यह तनाव पल भर में ग़ायब हो जाता है।

कुछ जापानी शोधकर्ताओं ने पता लगाया कि प्रकृति के बीच रहने से शरीर को फायदा पहुँचाने वाले कई परिवर्तन होते हैं। रिसर्चर निरपोन मेडिकल टोक्यो के प्रोफेसर डॉक्टर क्विंग ली ने पाया है कि पेड़-पौधे फाइटोनसाइट्स से सुगंधित कम्पाउण्ड छोड़ते हैं। ये कम्पाउण्ड शरीर में स्वास्थ्यवर्धक परिवर्तन पैदा करते हैं, साथ ही मस्तिष्क में सकारात्मक सोच पैदा कर व्यक्ति को प्रसन्न रहने में मददगार होते हैं। यदि मनुष्य प्राकृतिक नियमों के अनुसार अपना जीवन यापन करता है तो उसे किसी प्रकार के रोग नहीं हो सकते। इसलिए प्रकृति से जुड़े रहना आवश्यक है।

मूक प्राणियों से सीखे भरपूर जीना

मानव पशु-पक्षियों से बुद्धिमान है। सामर्थ्यवान और ईश्वर से सर्वाधिक अनुदान प्राप्त भी है। नन्हें-नन्हें जीवों को सीमित सामर्थ्य मिला हुआ है। अपने सीमित क्षेत्र से सीमित साधनों के सहारे वे असीम आनंद का अनुभव करते हुए जी रहे हैं, किन्तु मनुष्य के लिए इससे दुर्भाग्यपूर्ण बात क्या हो सकती है कि उसे जीवन जीना और जीवन का आनंद लेना ना आ सका। कारण खोजने पर पता चलता है कि उसने बेवजह भागमभाग भरी जीवनशैली अपना प्रकृति से दूरी बढ़ाता जा रहा है। भौतिक सुख-सुविधाओं से भरपूर जो दुनिया बसा ली है उसमें प्रकृति से जुड़ाव का भाव नदारद है। इसका नतीजा है कि मनुष्य का खुद अपने जीवन से जुड़ाव कम हुआ है और जीवन चक्र चिंताओं, आशंकाओं और कृत्रिमता से भर गया है, जबकि मूकप्राणी मूक रूप से कह रहे हैं, प्रेरणा दे रहे हैं। मानव तुम जीवन का आनंद लूटना सीखो और खुशियों से जी भर जीना सीखो।

*

15.

जी भर जीने का महामंत्र सकारात्मक सोच

सकारात्मक सोच का महामंत्र आपके जीवन की अमृतधारा है, कल्पवृक्ष है, कामधेनु है, जो आपके जीवन को निश्चित रूप से सुख-शान्ति और सफलता की ओर ले जाने की अद्भुत क्षमता रखता है।

- स्वामी अवधेशानन्द

दुनिया में अनेक तरह के मंत्र बने हैं। किसी ने गायत्री मंत्र बनाया, किसी ने महामृत्युंजय बनाया, किसी ने नवकार मंत्र बनाया या किसी ने कोई और मंत्र बनाया होगा। यह कहना कठिन है कि किसी व्यक्ति को कौन-से मंत्र का जाप करने पर कौन-सा लाभ हुआ, लेकिन जिस मंत्र की मैं बात कर रहा हूँ जो मंत्र सारी दुनिया को फल दिया करता है, वह आज तक कभी निष्फल नहीं हुआ, आज तक व्यर्थ सिद्ध नहीं हुआ और वह मंत्र, महामंत्र है 'सकारात्मक सोच' का मंत्र।

आप अगर किसी मंत्र का जाप करेंगे तो उस जाप को करने के लिए आपको घण्टों तपना पड़ेगा, जपना पड़ेगा पर सकारात्मक सोच के मंत्र को अपनाने के लिए करना-धरना कुछ नहीं है, केवल अपनी मानसिकता को तैयार करना है, केवल अपने नज़रिए को, केवल अपने एटिट्यूड को या दृष्टिकोण को तैयार करना होगा और यह एकमात्र ऐसा दृष्टिकोण होगा जो हर स्थिति में, हर परिस्थिति में, हर वातावरण में, हर मौसम में आपको तनावमुक्त रखेगा, मधुर रखेगा और सुकून देगा। सकारात्मक दृष्टिकोण आपको हर विपरीत हालात में भी विजय प्राप्त करने का मार्ग अपने आप समझा देगा।

यदि आपका नज़रिया सकारात्मक है तो आप अपने जीवन में सकारात्मक शक्तियों को सक्रिय कर सकेंगे। जिससे आपको सकारात्मक परिणाम मिलने लगेंगे। सकारात्मक विचार आपके आस-पास ऐसा वातावरण बना देते हैं, जिससे अनुकूल परिस्थितियाँ निर्मित होने लगती हैं जो आपका जीवन खुशमय बनाने में और आपको जी भर जीने में अहम् भूमिका निभाती है। इसलिए सकारात्मक नज़रिया सुखी ज़िन्दगी जीने का मूलमंत्र माना जाता है।

सकारात्मक सोच से आपके दिमाग के अन्दर के उस हिस्से में सकारात्मक बदलाव आता है जो आपके सारे दिमाग और मन के कार्यों के समन्वय का केन्द्र होता है। मानव व्यवहार का अध्ययन करने वालों ने पाया है कि आशावादी लोगों का मूड़ अच्छा रहता है। सेहत भी अच्छी रहती है। ख़ास बात यह है कि ऐसे लोग अकेले बहुत कम समय बिताते हैं। दूसरों से अच्छे सम्बन्ध होते हैं और सामान्यतया तनावमुक्त रहते हैं।

सकारात्मकता रहित जीवन नर्क से भी बदतर

सकारात्मकता मन की एक भावना है, जो मनुष्य में जीने की इच्छा जगाती है और जीवन आनन्द से भर देती है। यह सकारात्मक सोच ही तो है, जो हमारी इन्द्रियों को क्रियाशील और बुद्धि को सजग बनाए रखती है। मन को उमंग और उत्साह से भरे रखती है। जिस क्षण सकारात्मकता टूटती है और निराशा या नकारात्मकता का साम्राज्य स्थापित हो जाता है, उस समय इन्द्रियों की क्रियाशीलता, मन का उत्साह और बुद्धि की सजगता भी समाप्त हो जाती है और मन अवसाद से भर जाता है। नकारात्मकता तन, मन और बुद्धि को जीवन की असफलताओं के दल-दल में ढकेल देता है। सकारात्मकता रहित मनुष्य का जीवन नर्क से भी बदतर हो जाता है। सकारात्मक सोच या आशा की प्रबल शक्ति साधारण व्यक्ति भी अच्छी तरह समझता है। तभी हमारे जीवन में 'आशा पर आसमान टिका है' या 'आशा ही जीवन है' अथवा 'जब तक साँस है तब तक आस' जैसी सारगर्भित लोकोक्तियाँ प्रचलित हैं।

सकारात्मकता हीरे की कणी

जीवन के प्रति सकारात्मकता यानी अच्छा नज़रिया विकसित होते ही जीवन को सार्थक एवं सफल बनाने के लिए आपके क़दमों में, अपने आप ताक़त आ जाएगी, अपने आप ऊर्जा पैदा हो जाएगी। सफलता का सूत्र है, लगे रहो, जुटे रहो। बस ज़रूरत है प्रयत्न की। पड़ा-पड़ा पत्ता सड़ जाता है और खड़ा-खड़ा घोड़ा अड़ जाता है। नकारात्मकता आदमी के दुःखों की धुरी है। हम जीवन के प्रति सकारात्मक दृष्टिकोण अपनाकर जीवन के हर दुःख, तनाव, हानि से उबर सकते हैं। नकारात्मकता वह हथौड़ा है, जिसने हर किसी की शांति के शीशे को तोड़ा है। सकारात्मकता हीरे की वह कणी है जो शीशे के अनपेक्षित भाग को हटा देती है और शेष भाग को उपयोगी बना देती है। नकारात्मकता विष है, तनाव और चिन्ता को बढ़ाने वाली प्रदूषित वायु है। सकारात्मकता सुबह की सैर है, यानी ताज़ी शुद्ध हवा जैसे सूरज उगने पर गुलाब की कलियाँ और पंखूरियां आल्हाद से भर जाती हैं। सकारात्मकता से हमारा मानस भी ऐसे ही आल्हाद से, ऐसी ही खिलखिलाहट से आपूरित हो, हरा-भरा हो सकता है।

सकारात्मकता सोच सबसे बड़ी पूँजी

सकारात्मक सोच यानी आशा एक सशक्त चुम्बक है और वह अभ्यास से प्राप्त हो सकती है। हम अपनी मानसिक शक्ति को बढ़ा भी सकते हैं और घटा भी सकते हैं। मित्र हमारा साथ छोड़ दें, धन-दौलत खोकर हम कंगाल, बन जाएँ पर अगर हमने आशा नहीं छोड़ी तो वह हमारी सबसे बड़ी पूँजी है। स्वास्थ्य ख़राब हो जाए, मगर आशा बनी रहे तो भी हम जीवन संघर्ष सफलतापूर्वक जारी रख सकते हैं।

आशा वह कप्तान है जो जहाज को सबसे आखिरी में तूफान के हवाले करता है। उसके जाने से जहाज नष्ट हो जाता है।

खुशहाल ज़िन्दगी जीने के लिए आपको सकारात्मक नज़रिया विकसित करने की आवश्यकता है। सकारात्मक नज़रिए का मतलब है हर स्थितियों में बुराई के बजाय अच्छाई की तलाश करना। सकारात्मक नज़रिया वर्षा को

देखकर रोमांचित होना है, क्योंकि आप जानते हैं कि पौधों को बढ़ने के लिए तथा फूलों को खिलने के लिए वर्षा की आवश्यकता होती है और बिना वर्षा के हम रेगिस्तान में रह रहे होते। इसी तरह हमें भी सुखी, आनंदित तनावमुक्त रहने के लिए सकारात्मक नज़रिए की आवश्यकता है। सकारात्मक बने रहें और यह याद रखें कि जो सकारात्मक चिंतन की अदृश्य शक्ति को देखता है, अमूर्त का अनुभव करता है, वही असंभव को प्राप्त करता है।

सकारात्मक सोच वाले ज़्यादा जीते हैं

हाल में ही हुए एक अध्ययन से यह साबित हुआ है कि सकारात्मक सोच वाले लोग दूसरों की तुलना में औसतन 11-15 प्रतिशत अधिक जीवन जीते हैं। हार्वर्ड यूनिवर्सिटी की शोध में सामने आया कि सकारात्मक दृष्टिकोण रखने वाले लोग न केवल अधिक जीते हैं, बल्कि वे कई बीमारियों से भी दूर रहते हैं। शोध के अनुसार आशावादी सोच वाले लोगों में हृदय रोग, फेफड़ों की समस्याओं, मेटाबॉलिक बीमारियों और इम्यून सिस्टम से जुड़ी परेशानियों का ख़तरा 35 प्रतिशत कम हो जाता है। यह दावा 62,744 महिलाओं और 3,429 पुरुषों पर किए शोध में किया गया है।

सकारात्मकता का एक सूत्र - यह भी चला जाएगा

एक राजा ने अपने राजपण्डित को बुलाकर कहा- "मुझे ज्ञान का ऐसा सूत्र दो, जो संक्षिप्त हो और तीनों काल में सत्य हो। जिससे सभी सहमत हों, कोई विरोध न कर सके, साथ ही जीवन के प्रत्येक क्षेत्र एवं पग-पग पर उपयोगी हो।"

राजपण्डित - "हाँ, मेरे पास ऐसा ही एक ग्रन्थ है।"

महाराजा - "मुझे ऐसे ग्रन्थ की आवश्यकता नहीं। मुझे तो कोई ऐसा सूत्र दें जिसे मैं अपनी अँगूठी के नग पर अंकित करा सकूँ। ऐसा सनातन सूत्र चाहिए।"

राजपण्डित - "महाराज! आप जैसा चाहते हैं, ऐसा ही एक जीवन सूत्र मेरे पास है।"

महाराजा - "हाँ, तो कहो, कौन-सा जीवन सूत्र"?

राजपण्डित - "यह भी चला जाएगा।"

महाराजा - "क्या चला जाएगा"?

राजपण्डित - "राजन दुनिया में सुख-दुःख, सम्पत्ति और समय यह सदा रहने वाले नहीं हैं। "जो आया है वह भी चला जाएगा।' यही सूत्र जीवन में 'समताभाव' ला सकता है।"

महाराज, यह सूत्र सुनकर प्रसन्न हो गए और बोले कि यह श्रेष्ठ सूत्र ही सनातन सत्य है। यह समय गुज़रता जाता है। मुश्किलें आती हैं चली जाती हैं, अतः चिन्ता न करें। सुख के दिन आएँ तो अतिप्रसन्न न हो और दुःख के दिनों में घबराएँ नहीं, किन्तु उसका सामना करें। जो समय आता है वह भी चला जाता है।

जैसी नज़रें वैसा नज़रिया

जब हम संकुचित नज़रिये से संसार को देखते हैं तो वह बड़ा संकीर्ण और तुच्छ दिखाई देता है। जब स्वार्थ की दृष्टि से देखा जाता है तब वह स्वार्थग्रस्त दिखता है, किन्तु जब उसे उदार और मित्रता की दृष्टि से देखा जाता है तो संसार में हमें मित्रता, उदारता और सज्जनता की भी कमी दिखाई नहीं देती।

एक अनजान व्यक्ति गाँव में पहुँचा, प्रवेश करते ही सर्वप्रथम उसकी भेंट एक वृद्ध से हुई। उसने वृद्ध से पूछा क्या इस गाँव के लोग अच्छे और मैत्रीपूर्ण हैं? वृद्ध ने सीधे उत्तर देने के बदले स्वयं ही अनजान व्यक्ति से प्रश्न किया- "भाई जहाँ से तुम आए हो वहाँ कैसे लोग रहते हैं"?

अनजान व्यक्ति दुःखी और क्रोधित होकर बोला- "बहुत ही दुष्ट, क्रूर और अन्यायी। मेरी सारी परेशानियों के लिए उनके अलावा कोई और जिम्मेदार नहीं।"

अब अजनबी ने प्रश्न किया- "लेकिन आपने ऐसा क्यों पूछा"?

वृद्ध थोड़ी देर चुप रहा और बोला- "भाई मैं स्वयं दुःखी हूँ। यहाँ के लोग भी वैसे ही हैं जैसे कि उस गाँव के लोग जहाँ से तुम आ रहे हो।"

थोड़ी देर बाद एक दूसरा राहगीर आया। उसने भी वृद्ध व्यक्ति के पास आकर फिर यही बात पूछी - "यहाँ के लोग कैसे हैं?"

वृद्ध बोला- "भाई पहले तुम यह बता सकते हो कि जहाँ से तुम आ रहे हो वहाँ के लोग कैसे हैं"?

इस प्रश्न को सुनकर वह व्यक्ति मधुर स्मृतियों में खो गया। उसकी आँखें प्रसन्नता के आँसुओं से नम हो गईं।

उसने कहा- "ओह! वे बहुत प्रेमी और दयालु हैं, मेरी सारी खुशियों का कारण वही थे। काश! मुझे उन्हें कभी ना छोड़ना पड़ता।"

वृद्ध बोला- "भाई! यहाँ के लोग भी बहुत प्रेमी हैं, इन्हें तुम उनसे कम दयालु नहीं पाओगे, ये भी उन जैसे ही हैं।"

संसार एक दर्पण है। हम दूसरों में जो देखते हैं, वह अपनी ही प्रतिक्रिया होती है। यदि हम सकारात्मक हैं भीतर से खुश हैं तो हमें सारी दुनिया खुश मुस्कुराती दिखेगी। इसलिए सदैव सकारात्मक रहिए हँसते, मुस्कुराते रहिए।

एक विद्वान् के अनुसार- "कुछ लोग हमेशा शिकायत करते हैं गुलाब में काँटे होने को मैं हमेशा धन्यवाद देता हूँ। काँटों के बीच गुलाब होने का।"

कितना खुशनुमा नज़रिया है जो ज़िन्दगी को भरपूर सकारात्मक ढंग से जीने की प्रेरणा देता है। तो अपनाइए अपना ऐसा आशावादी सोच, जो आपको सम्बल प्रदान करेगा, मुश्किलों का मुकाबला करने का।

सकारात्मकता का परिणाम, पत्थर में भगवान

मस्त और प्रसन्न रहना जीवन में सबसे बड़ी सकारात्मकता (पॉजिटिवनेस) है। सदा हँसमुख और मस्त रहने वाला आधी दिमागी समस्याओं से खुद ही मुक्त हो जाता है। यह तभी संभव है जब आप अपने दृष्टिकोण को जीवन के प्रति बहुत अच्छा, बहुत उमंग भरा, बहुत सकारात्मक बनाएँगे। जीवन में दृष्टिकोण या नज़रिए की बड़ी अहमियत है। सकारात्मक नज़रिया व्यक्ति की सबसे बड़ी पूँजी है और नकारात्मक नज़रिया व्यक्ति की सबसे बड़ी बदक़िस्मती है। सकारात्मक नज़रिया हो तो जीवन हीरो की खान नज़र आता है। नज़रिया यदि नकारात्मक हो तो सड़क पर चलना भी बोझ बन जाता है। नकारात्मक नज़रिया वाले खुद तो तनावग्रस्त रहते ही हैं, दूसरों को भी तनाव के रास्ते पर ले जाते हैं।

सकारात्मक दृष्टि का ही परिणाम है कि हमें पत्थर में भगवान नज़र आते हैं। श्रद्धा जागृत होती है। सुख-दुःख में भगवान को याद करते हैं। अपनी मनोकामनाएँ प्रार्थना के माध्यम से भगवान के सामने रखते हैं। हम उस पत्थर की प्रतिमा की पूजा करते हैं और यदि हमारी दृष्टि नकारात्मक है तो वह मात्र शिलाखण्ड है। मूर्ति पूजा के सिद्धान्त के पीछे यही दृष्टिकोण रहा है। सारांश यह है कि सारा खेल दृष्टि का है।

सकारात्मक नज़रिए से दबाएँ - नकारात्मक को

एक राजा था, वह एक आँख वाला था। एक बार उसको अपना चित्र बनवाने की सनक चढ़ी। एक आँख वाले राजा ने जैसे ही आदेश प्रसारित करवाया कि मेरा चित्र बनाओ, सब चित्रकार समझ गए कि राजा का चित्र बनाना यानी मौत को बुलावा। काने राजा का चित्र काना बनाएँगे तो गड़बड़ हो जाएगी, लेकिन एक चित्रकार बहुत होशियार था उसने कहा कि मैं चित्र बनाऊँगा।

सारे चित्रकारों ने कहा- इसकी तो शामत आ गई, लेकिन वह बड़ा विश्वस्त था। उसने चित्र बनाया। उस चित्रकार ने क्या किया, राजा को बैठे हुए तीर का निशाना साधते हुए बनाया। राजा का एक हाथ तीर पकड़े हुआ और एक हाथ आँख पर लगाया। चित्र एकदम जीवंत हो उठा। चित्र देखकर राजा अतिप्रसन्न हो गया। उसने अपने गले का हार चित्रकार को दे दिया।

प्रत्येक व्यक्ति को अपना सोच सकारात्मक रखना चाहिए और जो भी नकारात्मक हो उसे दबा देना चाहिए। जैसे कि चित्रकार ने काने राजा के चित्र बनाने में किया। इसलिए नेगेटिव को हटा दो, पॉजिटिव को लेकर चले तो खुशियों के साथ भरपूर जीवन जी पाएँगे।

दुश्चिंताओं से मुक्ति का अभिनव प्रयास

सकारात्मक विचारधारा आपको अनेक दुशं्चिताओं से मुक्त रखने का अभिनव प्रयास करती है। सकारात्मक विचारों से भरा व्यक्ति नकारात्मक विचारधारा से प्रभावित व्यक्ति की अपेक्षा अपने जीवन में अधिक उत्साह प्राप्त

करता है। नकारात्मक विचारों से लदा हुआ व्यक्ति केवल उदास, काले बादलों के अतिरिक्त कुछ भी नहीं देख पाता, जबकि सकारात्मक विचारों से ओत-प्रोत व्यक्ति केवल स्वच्छ नीलवर्ण आकाश में जगमगाते सितारों का ही दर्शन करता है तथा भयंकर मेघ गर्जन में भी वह स्वर्गिक संगीत की मधुर लहरियों का ही अनुभव कर आनन्द प्राप्त करता है, इसलिए -

अपने विचारों को सकारात्मक रखें,
क्योंकि आपके विचार आपके शब्द बन जाते हैं।
आपके शब्दों को सकारात्मक रखें,
क्योंकि आपके शब्द आपका व्यवहार बन जाता है।
अपने व्यवहार को सकारात्मक रखें,
क्योंकि आपके व्यवहार आपकी आदत बन जाता है।
अपनी आदतों को सकारात्मक रखें,
क्योंकि आपकी आदतें जीवन मूल्य बन जाते हैं
अपने जीवन मूल्यों को सकारात्मक रखें,
क्योंकि आपके मूल्य आपका लक्ष्य बन जाते हैं।

ज़िन्दगी के अन्त तक ज़िन्दादिली के साथ जी भर कैसे जिएँ - मोरी मार्क ऑफ (110 साल तक जीने वाले के विचार)

बढ़ती उम्र के साथ अपना सर्कल भी बढ़ाते जाएँ। बड़ी उम्र में सारी दुनिया आपका परिवार है। दुनिया के साथ चलें, जाने की दुनिया में क्या चल रहा है, इसकी चर्चा करें। यह जाने कि नई पीढ़ी के खेल कौन-से हैं, उनकी तुलना अपने ज़माने के खेलों से करें। नये शोधों और उनके फ़ायदों के बारे में जानने को उत्सुक रहें। हर छोटी-छोटी चीज़ों को लेकर जिज्ञासु रहे। किसी एक अंग के ख़राब होने पर कोई गतिविधि बंद करना पड़े, तो दूसरी गतिविधि शुरू करें। जैसे अगर हार्ट स्ट्रोक की वजह से ट्रेकिंग न कर सकें, तो किताब लिखना शुरू कर दें। उस किताब में जीने के अपने अनुभव बता सकते हैं। रोज़ नया पढ़ें और पैदल चलें। यह खाने की तरह अनिवार्य होना चाहिए।